心智障碍特殊青年的
职业成长

主编◎李宝珍
参编◎林淑玟　李静芬　张文京
　　　许家成　方　武

重庆大学出版社

图书在版编目(CIP)数据

心智障碍特殊青年的职业成长 / 李宝珍主编.
重庆 : 重庆大学出版社, 2024.6. -- (特殊儿童教育
康复培训教材). -- ISBN 978-7-5689-4566-0

Ⅰ. G768

中国国家版本馆 CIP 数据核字第 2024FB7642 号

心智障碍特殊青年的职业成长

主 编:李宝珍
策划编辑:陈 曦

责任编辑:陈 曦 版式设计:陈 曦
责任校对:邹 忌 责任印制:张 策
*
重庆大学出版社出版发行
出版人:陈晓阳
社址:重庆市沙坪坝区大学城西路 21 号
邮编:401331
电话:(023)88617190 88617185(中小学)
传真:(023)88617186 88617166
网址:http://www.cqup.com.cn
邮箱:fxk@cqup.com.cn(营销中心)
全国新华书店经销
重庆亘鑫印务有限公司印刷
*
开本:787mm×1092mm 1/16 印张:8.25 字数:172 千
2024 年 6 月第 1 版 2024 年 6 月第 1 次印刷
ISBN 978-7-5689-4566-0 定价:48.00 元

序①

在中重度智力障碍者的教育中,逐渐成长的职业教育是继学前教育、义务教育之后的教育重点,是新的教育阶段。职业教育意味着学生进入了青年期,家庭对他们感到焦虑又满怀希望。学生原有的生活发生了改变:生活环境由学校逐渐转向职场;角色由学生渐变为员工;人际关系从与老师、同学的交往而有了与上级、老板、师傅、工作伙伴的互动;生活内容由以学校学习为主转变为以职场的生产工作为主。职业教育中教学双方均会由学校生活转向更社会化的职业生活。这是学生人生中的关键性转折,是奔向特殊教育终极目标——"让特殊教育需求者过上有品质、令其满意、独立的,具生产力的生活"至关重要的一步。

《心智障碍特殊青年的职业成长》由特殊教育工作者历经二十余年的教师培训,结合各地诸多特殊教育学校、班级的职业教育实践,反复修订后再一次与同行见面。

该课程为十五岁以上中重度智力障碍青年提供职业教育服务,从特殊教育人群职业教育普遍性出发,而不是从具体职种出发。该课程有工作人格、职业能力、社区生活能力三大领域。课程由职业教育纲要、职业教育课程评量表、职业教育课程评量侧面图构成。

这一完整的职业教育课程具有职业评量与教学指导的功能,能提供个别化职业教育与支持计划的依据,并可引导职业安置计划。该课程提倡职业技能与工作人格并重,职业适应与生活并重,还可从职业认识、职业探索、职业教育、职业训练、就业安置方面做贯通性辅导。

中重度智力障碍青年职业教育的难度和复杂程度,让身在其中的学生、家长、老师深有感触。本项工作需要学生、家长、教师的全力投入,需要学校、家庭、社会多学科跨专业支持

---

① 编注:本书原于2016年3月由向阳儿童发展中心内部印发,张文京老师的序言迟到了,没能印在该版,看得出她的惋惜。五年后她过世了,由于国内职业教育之需求,本书有机会由重庆大学出版社正式出版,因此我们如约把她亲笔写的序言纳入,完成她关怀国内职业教育的心愿。请读者们一同来祝福我们智力障碍学生的职业教育发展吧!

系统的建立。这个经实践磨炼、成熟而适用的课程对我国中重度智力障碍青年职业教育起到了积极的推进作用。

　　时值2016年春节，望我国中重度智力障碍青年职业教育工作者、支持者与智障青年及其家长共同努力，建设幸福家庭，实现美好生活。

张文京
2016年春节重庆北碚

前　言

在智力障碍学生接受完义务教育之后,各地为了使其将来更好地适应职业生活,广泛设置了职业高中,为他们提供职业教育。但是,各职业高中的课程与教学大都还处于初创摸索阶段,对于职高阶段的课程设置不是以几种专精职种为培训重点,就是沿用中小学的课程模式,尚未为职业教育的课程理念与功能做进一步的探讨。本课程就是想为我国的特殊教育职高阶段的课程设置与课程内容,以及课程的运作模式,提供另一种思路与建议。

1996年时,向阳儿童发展中心的方武、李宝珍与重庆师范大学的张文京、许家成四人发现,在发展特殊教育的途径上,最重要的就是专业人才的培养与特殊教育课程模式的开发,于是在此后多年的合作与实践中,开展了许多特教人员的培训以及课程编制的工作。其中针对智力障碍青年的职业教育,四人苦于在职业教育方面经验的限制,一直无法创编出符合当地需要的课程内容。但是四人受到了国际上支持性就业的领军人物夏洛克教授的启迪,深知智障人士的就业不是在学生时代就做好某项工作技能的准备,然后找该项工作去就业。我们知道智力障碍青年就业不成功的关键往往不在其从事该项工作的专精工作技能上,反而是他的工作人格与社会适应能力有所不足,这才是职业教育阶段应该培养的重点。

杨元享等人主编的《智能障碍者的职业适应能力检核手册》就是基于这样的观念编制而成的,于是2003年在方武老师的引荐之下,四人和该手册的作者取得联系,并在林淑玟老师和李静芬老师的协助之下,组成了六人编制小组,合力编制了适合在特殊学校职业高中阶段施行的职业教育课程。这六人是林淑玟、李静芬、许家成、张文京、方武、李宝珍,其作品就是今日各位看到的本书的雏形。这个作品自成形以来,一直在向阳儿童发展中心举办的特殊教育的专业研习中介绍与推广。但是由于大部分地方的特教职高尚不完善,该课程一直没有得到很好的实践推广。直至今日,因着特殊教育质量提升计划的重视,特殊学校被赋予发展职业高中部的重责大任,重新整理并充实此套职业教育课程就变成急迫且重要的事了。时逢向阳儿童发展中心成立20年,张文京老师也一再嘱咐,必须赶快把这套课程重整呈现,因此就由李宝珍老师着手进行充实与整编,2016年由向阳儿童发展中心内部印行,办培训班供各界试用。现由重庆大学出版社正式出版,希望能为各特殊教育学校的职高部所参考、应用。

　　本书主要对职业教育的课程理念与理论基础加以阐释,希望能把职业教育的观念整合到夏洛克教授等人提倡的支持性就业上来,回归教育的本质,把专门职种的职业技能训练的工作延迟到学生就业以后,让智力障碍学生接受更多的职业教育的熏陶而不是更少。另外,本书还着重介绍了如何利用本课程进行评量并拟订个别化的职业教育计划,以及如何利用职高三年的时间进行职业觉知、职业探索与职业训练等教学,把一个对职业没什么概念,也没多少工作技能的特殊青少年,调教成具备良好工作人格、工作能力且能独立适应工作生活的好工作者。这是本课程的预期目标,也希望经由各地特教学校职高阶段老师与工作人员的努力实践,给作者一些反馈,让本课程的内容与运作方法能不断改进,让特殊青年自食其力、自谋美好生活的理想真正得以实现!

CONTENTS 目 录

※ 第二部分　心智障碍青年职业教育课程使用说明

❋ 第三部分　心智障碍青年职业教育课程
课程纲要

※ 第四部分　心智障碍青年职业教育课程评量表

智力障碍职业教育概论

> 一、与职业教育有关的概念沟通

（一）智力障碍学生职业教育的功能

职业教育是智力障碍学生完成九年义务教育之后的一种教育选择，不是每一位智障学生都需要接受职业教育。职业教育的目的是为下一阶段进入就业市场做准备，如果学生的工作能力需要大量支持才能胜任就业的要求，那么耗费三年的时间接受职业教育就不是最好的选择。什么是就业？什么是职业教育？不就业、不选择职业教育还可以选择什么？这都是心智障碍特殊青年重要的人生课题。本课程以职业教育为主，但是也必须先厘清和职业教育相关的这些特殊议题，才能明确职业教育在特殊青年未来生涯发展中的位置，和其他领域发展之间如何衔接，才能做好职业教育的课题。

和职业相关的课题很多，主要着眼于特殊学生成年以后的生活需求，包括生活质量、工作经验。因此产生了多种多样的成年服务方案，大家耳熟能详的就有职业陶冶、职前准备、职业教育、职业训练、就业服务、支持性就业、生活服务、日间活动服务、养老服务等。由于服务对象的年龄、功能差异性大，造成了各种服务的功能不一、定位不清。有的机构只要报名，来者不拒，完全误解了所谓零拒绝是在自己的服务宗旨内的零拒绝，而非无视自己单位的服务功能的零拒绝，以至于到最后只能用绝对的个别化、客制化来粉饰因为服务功能不分、服务概念混淆造成的服务内容、服务技术混乱的无奈。

因此讲职业教育、规划职业教育课程，不得不先讲与成年特殊学生服务相关的概念，甚至与他们终身教育相关的概念，才能整体关照他们在人生各阶段接受的教育训练对他们有质量的生活起什么样的作用，再看其义务教育后进入社会之前的这段青少年期（一般指15~18岁）职业教育对他们的功能是什么。这样提供职业教育服务的单位（大致以公办特殊教育学校职业高中部和普通职业高中的特教班、融合班为主）才能恰如其份地规划好相应的课程内容，提供合适的职业教育教学，达成特殊青年职业教育的功效。

首先，职业教育必须建立在功效卓著的义务教育之上，如果没有在九年义务教育阶段培养好学生基本的个人、家庭、学校、社会生活的适应能力（这是培智学校课程目的），那么学生还需要更长的时间来适应日常生活的挑战，他在职业教育学校就免不了还要继续补救这方面的知识技能，职业教育课程内容是没有时间学的。这时他不如选择另外一条成长之路，就是继续未竟的生活适应服务课程。不要以为那么大了还在"上课学生活"不合理，有需要就要学。在随机情境经验中学不会就要回到学校学，智力障碍学生学习时间本来就该比一般同龄人长，现在初三毕业就考虑他们不该再是学生了，要"在生活中学"。因此对于生活功能还不够生活所需的智障青少年，应该提供良好的生活适应服务课程，以便他们为未来独立生活做更多准备，保证成年以后的社会融合生活更加顺利。许多在九年义务教育阶段还没学到生活适应能力的毕业生，骤然进入职业教育甚至职业训练服务场所，无法获得该服务的好处，反而在那儿耽搁了他应该发展的部分，然后要成人服务单位提供社区独立生活服务，这怎会不危机重重？然后又为了"要安全又要自由"，变得需要非常大的人力支持，最后成年服务单位不得不成为庇护教养机构，其实真的需要大量支持庇护的特殊障碍人士并没那么多。因为我们每个阶段的教育与服务定位不清、课程不明，把学生的问题一直往后挪，挪到就业阶段，就业服务单位当然推不出去，只好等待就业，改做职业训练，一训练就好几年。

所谓的职业训练，是单一职种的技能训练，是学生在有良好的职业教育之后，为了将来能谋得适合职业取向与就业机会的工作而做的某个职种的短期密集训练，预期在训练之后能正式就业。这个职业培训是有期限的，依据用工的需求可能几周到几个月。但是对进入职业高中接受职业教育的学生而言，其年龄并未达立即就业水平，也不能预测或指定他未来就业的职种，即使学校能提供某类职种的技能训练，也不会是太复杂的技能，为什么需要三年的时间来训练单一职种的技能？而三年的职业教育课程到底要教什么？这需要我们从真实情况出发，思考智力障碍人士就业最缺乏的能力是什么。

早在20世纪80年代就在为智力障碍人士提供就业服务方案的美国内布拉斯加黑斯廷斯学院大学的夏洛克教授，到过中国将近20次，主要推广智力障碍人士的支持性就业的理念和服务模式。就业服务是职业教育服务之后的一环，有完整职业教育经历的智力障碍青年，需要的是媒合一份工作，以及入职之初，在这份工作的现场提供专业工作教练的支持，主要支持他尽快掌握这个工作岗位所需技能，以及适应工作场所的环境与人际规则。只要几天或几周的现场支持，工作教练就可以改为间歇的支持，或"有必要才支持"。因此找到工作以前的短期职业训练就没有必要，把资源用在开发障碍人士的就业市场还更实际。因为如果智力障碍员工是从小到大经历了完整的早期干预、学前特殊教育、学龄特殊教育以及学龄后的职业教育养成的具有工作意愿、工作态度与基本工作技能的年轻人,更重要的,其生活能力足以让他适应就业以后的上班生活与人际关系,那么只需间歇的支持服务,一位智力障碍员工就能在他目前的岗位上长期维持。因此提到智力障碍人士与职业相关的服务,就不能缺少支持性就业服务这一块,也可以说,没有了支持,智力障碍人士的职业生活会困难重重,即使你之前给了他再好的职业教育、再久的职业训练,他也无法独立面对真实工作中的困难和压力。

"支持"是障碍服务领域发展出来的一项非常实用且有创意的理念和做法,包括辅助器具的提供、障碍环境的改良、工作程序的调整、复杂事项的代理、所需资源的联结等,这些都能弥补障碍人士在适应环境时能力不足的部分,让他解决问题,达到适应的功能。当他学习困难时,可以用上学习类的支持;当他行动不便时,可以用上行动类的支持;当他沟通不畅时,可以用上沟通类的支持;当他生活有碍时,可以用上生活支持;当他工作受挫时,可以用上工作支持。因此智力障碍人士的一生都可以因为用上有效的支持手段提高生活质量,只是所需支持强度有高有低而已!特殊教育的功能就是教导学生获得最佳能力,以降低对支持措施的依赖,但是很少有人完全不需要支持,职业教育的意义也就在于培养学生最佳适应职业的能力,以减少以后对支持性就业服务的依赖,而不是职业教育之后就能顺利就业,维持工作不需支持。那么智力障碍学生的职业教育课程就不是着眼于某些单一职种的技能训练,而是要用三年时间来帮助学生认识职业,发现自己的职业取向,培养任何工作都需要的一般性工作素养,以及能独立适应社会生活的能力,然后配合支持性就业的服务,成为一位敬业爱岗的工作者。

(二)职业教育是智力障碍人士终身教育中的一环

职业教育是智力障碍人士终身教育中的一环,衔接义务教育成果,往支持性就业方案输送人才,让就业成功率与维持率更高,以便维持到退休。因此规划职业教育课程要从智力障碍学生一生的发展来规划。

智力障碍学生若能被早发现、早诊断,那么在0~3岁的时候就能得到早期干预的教育康复服务,此时的干预应该重在其感觉-动作成熟稳定地发展与亲子安全依附关系的建立,干预场所应该在专业人员指导下以家庭为主;到了3~6岁进入学前阶段,与家庭以外人们的社会互动是应有的经验,因此融合幼儿园的安置形式成为最佳选择,如果无法参与融合学习,那么也有特教学校学前班或者特殊教育康复机构可选择,不管在什么环境接受学前教育,促进儿童各领域(感觉、动作、认知、语言、社会等)的全面发展都是这时期课程的重点。在其各领域的发展达到能适应学校班级教学的成熟度时,儿童进入义务教育阶段参与班级活动就能直接从国家课程与教材内容受益,因此学前特殊教育有一个很重要的功能,就是促进儿童发展并为其进入学校适应班级学习做好准备。义务教育阶段有随班就读和特殊教育学校两种选择,也有少数孩子必须继续留在康复机构,进行发展性课程学习。但是大部分进入公办教育系统的孩子,朝向国家的特殊教育目的前进是必然的,成为自立自强服务社会的公民是世界上任何国家地区公办特殊教育的共同期望,我们如何做到? 课程内容就要从发展性的一跃为功能性的,以生活为核心的各科课程内容就成为这个阶段的学习重点。不管课程表上设置了什么科目,日后能在生活中应用是最重要的,包括劳动技能,也不是为就业作准备的,而是以能自我照顾、操持家务、公益服务中的劳动为主。当然这些学得好对将来就业也有帮助,但是要能具备更熟练的工作技能、积极的工作态度,还需要再经历三年中等职业教育的熏陶,提高工作与生活素养。因此具有工作意愿与能力的学生应该继续升入职业高中接受职业教育,不具有工作意愿与能力的学生可以选择独立生活服务,一直到老年同样可以在支持下享有有质量的生活。

有质量的独立生活支持服务是任何中重度智力障碍人士的终身需求,即使他正在或曾经就业,或从未就业,独立生活都是人生必须。在现代化社会,独立生活肯定有所不足,因此都可以接受生活支持,只是接受支持有强弱与多寡之分。因此在智力障碍人士生涯发展中,必定有成年生活的发展,不管有无正式就业,成年生活的支持服务,主要是维持服务对象的生活质量,不管用什么形式提供服务,生活质量都是要随评估予以保证的。他的生活独立自主性如何? 他的社会融合性如何? 他的努力与产出是否成正比? 他的健康福祉如何? 他对自己的生活满意度如何? 不管就业与否,他都要有自己的生活。他将要住在哪里? 和谁同住? 每日如何度过? 这些都是教育最后的成果。生活方式有隔离倾向的也有开放倾向的,例如教养机构的居住形式、社区集体家庭的居住形式、双老社区的居住形式、小农场的居住形式、个人独立居住,都属于成人生活服务的范畴,智力障碍成人也需要在他生活的领域不断自我成长发展,以达到更佳的生活质量,所以在人生的学前、学龄、学龄后一直到成人阶段,都要学习,都要有教育重点,这就是特教老师们一直在努力推动的特殊需要学生"终身课程"的理念。

(三)智力障碍人士的生涯发展与相应的课程需求

以下用图表方式来说明特殊需要学生各阶段的安置模式与对应的课程重点:

智力障碍人士的生涯发展与课程需求表

年龄	0~3岁	3~6岁	7~15岁	15~18岁	18岁以上	60岁以上
教育阶段	早期干预	学前特教	学龄特教	职业教育	成年服务	老年福利
教育场所与未来安置	医疗康复中心	融和幼儿园、特校学前班	普小融合班、特校学龄班	普通职高、特校职中部	工作：庇护性就业、支持性就业 生活：家人同住、小区家庭、合租公寓、生态农家、教养机构	生活：家人同住、小区家庭、合租公寓、生态农家、教养机构
课程重点	知觉动作成熟稳定发展	以知觉-动作带动认知语言社会能力发展	以生活为核心	以工作为核心	美好生活的经营	生活重心
课程举例	家庭支持服务	以知觉-动作为核心的学习适应课程	培智学校课程标准、适应性功能课程、双溪个别化教育课程	心智障碍特殊青年职业教育课程	美好生活服务大纲	养老服务

对应人生不同阶段的身心需求,特殊青年会在不同场所生活学习、工作、休闲,服务提供者应协同合力,评估并提供适合各阶段的服务内容与服务模式,最终才能达到特殊教育与服务的良好愿望——让智力障碍人士使用最少的资源,过上最有质量的美好生活!

(四)与职业教育有关的名词

为让读者更好掌握本书所介绍的职业教育课程相关概念,有必要列出以下名词解释,以建立基本共识。

职业:人类经济活动中的正式工作种类,受劳动法规范。

工作:在任何场所中从事某种利他的劳动,达到特定的劳动成果。

劳动:为自己或他人的生活、工作、学习或休闲付出劳力,使之改变原来状态。

职业教育:培养学生对参与职业劳动的认识与意识,建立基本的就业所需的工作态度、工作技能与独立生活能力，为将来成功就业、适应职业生活做出准备。

职业训练：也可称"专精职业技能训练"或"特定职业技能训练"，是较短期而密集地针对某个职业种类所需的技能进行训练。通常是为了帮受训者胜任特定职业工作的要求而进行的训练。

就业辅导：也称"职业安置""就业安置"，主要指帮助待业者联结就业资源，具有匹配个人能力与工作需求的功能。对智力障碍待业者而言尚需辅导面试，与雇主沟通，适应并维持就业成功的支持。因此"开发就业市场"与"工作现场支持"是障碍人士就业辅导重要的两项工作。

就业：我们称一个人在就业中至少需满足以下条件：(1)有劳动合同法的保障，(2)享有当地最低工资保障，收入足以维持个人最低生活所需，(3)至少维持工作六个月。

支持性就业：通过就业辅导员一段时间的现场支持与视需要的持续支持，智力障碍人士能在一般工作场所胜任工作要求，并维持就业半年以上。

竞争性就业：智力障碍人士能在一般工作场所[①]和普通人同等条件与能力就业，不需要专业人员的支持。

庇护性就业：障碍人士的一种就业模式，只是工作场所中的员工大多是障碍人士，工作单位能得到相关政策支持或补助。对员工而言只要是就业，就需享有劳动法之保障，对单位而言就需具备企业管理与商业竞争能力。

工作活动：如果一位智力障碍人士无法正式就业，也不是在做职业训练准备就业，那么他的生活中就要有利他的劳动时光，才能有完整的人生体验，因此我们可为他规划工作活动，作为充实生活的一环。工作活动的特点是：(1)例行的，(2)定点定时的，(3)利他的，(4)有产出的，可因产出而获得些许报酬，以满足成就感，并累积个人可支配资源，使个人也能成为经济活动中受欢迎的消费者。

以上相关概念虽然功能不同，但是其场所有可能是多功能的，例如一家普通咖啡厅可能是某位智力障碍成人的支持性就业场所，也可能让另一位智障人士进行职业训练或实习，属于职业训练场所。而如果职业学校老师带着一群学生来参观咖啡厅工作场所并访谈咖啡厅员工，则此咖啡厅具备了让学生认识职业的功能。

因此，一个从事智力障碍成人服务的单位要定位好自己所做的服务是就业服务、职业训练，还是工作活动，运用好社区里的相关资源，进行不同功能的成人服务。

---

① 一般工作场所指场所内的员工以普通人为主，有障碍的员工没有超过当地政府定额保障残疾人士的比例（例如全体员工的5%）。

> 二、生涯教育规划中职业教育与就业转衔支持

在残障人士生涯发展中,心智障碍者就业一直是一个挑战。国内外的心智障碍者就业率都比较低。国内有媒体经过调查,发现心智障碍者难以突破4%的就业屏障。

20世纪80年代,美国从事职业教育的工作者针对心智障碍者就业难的问题,决定换一种思路,先开拓工作机会,进行就业安置,再提供现场就业训练与持续支持,最终实现了心智障碍者的稳定就业。这种"先安置再支持"的就业方式称为支持性就业。经过40多年的发展,支持性就业逐渐得到国内外心智障碍领域的认可,成为心智障碍者的主流就业模式。1998年前后,成都有两个心智障碍学生尝试应用支持就业的方式在融合环境中实现了就业。后来在北京、上海等地陆续有心智障碍者实现了支持性就业。

虽然有了这些成功案例,但是总体来看,我国心智障碍者就业成功率还不高。原因是有许多从事心智障碍者职业教育的教师不知道何谓支持性就业,职业教育和支持性就业是如何衔接的。

从生涯教育观点来看,一个人的小学教育称为生涯觉察,中学教育称为生涯探索,职业教育称为生涯准备,进入就业称为生涯融合,这是美国波林教授为残障学生提出的生涯教育的基本线索。因此,要提高心智障碍者支持性就业,应该建立在良好的基础教育和职业教育的基础之上。如果没有良好的义务教育和职业教育,让心智障碍青年在融合的环境中直接实现支持性就业难度是很大的,就会导致就业成功率不高,即便就业后也难以维持。

我们从20世纪末到现在一直在探索如何加强心智障碍者义务教育、职业教育和支持性就业之间的内在联系,建立生涯教育通道,提高心智障碍者支持性就业的成功率及就业质量。

在义务教育阶段,通过一般性课程和选择性课程,全面促进心智障碍学生发展和成长,并在劳动技能等相关课程中融入了职业素养基础内容,为心智学生接受职业教育奠定必要的基础。

在职业教育阶段,我们提出了用支持式职业教育与支持性就业对接的方式来实现职业教育与就业之间的通道。

支持式职业教育将职业教育阶段分为职业素养教育和就业转衔两个阶段。

职业素养教育阶段为期2年到2年半(4到5个学期),构建职业素养、自主生活和社会适应等课程内容,经过职业教育诊断,拟订个别化职业教育支持计划,并将个别化职业教育支持计划中的教育目标融入职业素养、自主生活和社会实践等主题,开展以实践为主的职业教育训练,培养学生形成正确的职业价值观,必备的职业品格和关键的就业能力。

就业转衔阶段安排在职业教育的最后一个学期(年),这个阶段要为学生拟订个别化转

衔支持计划,直接与融合就业的岗位衔接,实现先安置,再集中训练、现场支持、跟踪支持,然后建立现场支持系统等,完成心智障碍者从学校进入职业岗位的转衔,最终实现稳定就业。

在就业转衔支持阶段,由来自学校的职业教育教师、来自社区的就业辅导员共同组成个别化就业转衔支持团队。学校的职业教师做"转",社区的就业辅导员做"衔",共同协助心智障碍者完成从青少年的学校生活过渡到以就业为主导的成年社区生活。

第一部分
心智障碍青年职业教育课程　理论与实施

> 一、课程编制目的

一批又一批的智力障碍学生从义务教育阶段进入职高阶段,眼看着职高部的课程设置一味地往各式各样的工作职种训练开发,让人担心职高阶段的学校教育失却职业教育熏陶与培养的精神与功能,只是急着传授一堆职业技能。这些职业技能不能保障智力障碍的学生毕业以后一定能从事该项工作,造成学非所用。因此本职业教育课程提出让教育回归教育的主张,确定职业教育职高阶段的教育目的不是特定工作技能的训练,而应该回归到对学生工作人格与素养的培养。这样做符合国际上对中重度智力障碍人士支持性就业辅导的主流,即不多做特定职种的技能训练,而多做一般性工作技能的培养,与爱岗敬业的工作态度的陶冶,这样让学生毕业后有更多元化的就业可能性。

对于中重度智力障碍青年的就业而言,我们已经累积了许多支持性就业的经验。只要有足够专业的支持性就业服务机构,智力障碍青年一开始都能有一个就业的机会,但是经常无法长久维持在一个工作岗位。原因不是他们的工作技能不足,通常是因为他们的工作习惯与工作人际关系不良。而工作习惯与人际关系恰恰是职业教育时期应该要建立的人格素养,但也恰恰是这个时期所忽略的课程内容。

本课程即试图以特殊青年的工作人格为课程的核心,期望在职业教育阶段能建立学生积极负责的工作态度,为日后长期乐在工作、保有工作的需求奠立基础。至于符合工作要求的工作技能,也列为教育的内容之一,再加上一个有工作的成人的社会生活准备,构成本职业教育课程的三大领域:A工作人格、B职业能力、C独立生活技能。

> 二、课程理论基础

（一）课程内容编制理念

本课程编制基于以下理念:

- 只要经由个别化的、有效的支持,中重度障碍者必能在融合性的一般工作场所就业。
- 智力障碍青年只要有一般的工作技能,再到就业环境中进行现场调整,就能胜任。因此其就业只有对不同工作环境的适应问题,而较少涉及工作技能问题。
- 对不同工作环境的适应,是无法在求学时期就事先预测、事先准备的,而一般工作技能是可以预测与准备的。
- 智力障碍青年就业成功的关键往往不是专精的职业技能,而是良好的工作人格与独立适应生活的能力。
- 智力障碍青年的就业模式首重开发就业市场,应该先为其找到一个工作岗位,再由支持性就业辅导人员进行工作现场的支持,而不是在就业前培训许多特定的职业技能。

由是之故,本职业教育课程的施教内容不强调个别职种的选择,而重视一般工作技能的建立、良好工作人格的培养,以及一个独立工作者应有的社会独立生活适应能力的养成,这也是构成本职业教育课程的三大领域。

（二）课程实施依据

在职业教育的实施方法上,本课程模式服膺职业生计教育的理念,经由以下四个阶段逐步培养学生的职业知能。

1.职业觉知阶段

本阶段为对职业的初步认识阶段,个体发现工作的意义与必要性,对人从事的各种工作有初步的认识,逐步建立工作意识。本阶段经历的时间很长,儿童从小就得培养工作意识与劳动习惯,到了职高阶段再培养已经来不及了。如果从小没有充分的职业觉知教育,只能在职高教育的第一年或第一个学期认识职业,比较正式地学习何谓工作,人为什么要工作,有哪些工作可做。因此职高第一年的课程内容、教学主题、教学设计应该围绕职业觉知进行。

职高一年级的教学主题应该以社会上常见的职业种类（大约12~16种）为教学主题,让学生通过对这些职种的参观、访问、资料搜集,形成职业觉知,以及对职业生活的初步印象,为进一步探索自己喜欢与适合的工作做准备。

2.职业探索阶段

本阶段进入职高教育的重点——让学生发现他喜欢的工作,让师长发现他适合的工作,因此也称作工作性向的评估。职高二年级的课程内容与教学设计要能帮助学生对职业进行探索,教学主题要能提供各种不同性质的工作职种,分类成约8~10类,让学生去尝试、体会工作,从而了解工作的权利与义务。本阶段最重要的是锻炼各种职种共同需要的工作技能

（称为一般职业技能）与工作人格；而同时，教师也自工作场景中观察评估学生的职业取向，发掘适合学生的能力与爱好的职种，在其中挑选进一步训练的能力（称为专精职业技能），作为职高最后一年的训练重点。因此，此阶段是在一般职业技能训练中探索学生的职业取向的阶段。

8~10个职种最好有一半是职高学校校内有模拟工作场所，然后另一半在学校周边联系真实工作场所。借这几个有代表性的职种进行职业探索，既方便管理又不失实际体验。

3.职业训练阶段

本阶段主要针对已经选择出来的1~3种适合学生的职种（每个学生不同），进行专门职种的工作技能训练，但并不表示学生毕业以后只能从事该职种的工作。因为学生在职高二年级的阶段已经学习了许多一般职业技能，所以即使在毕业时没有适合他的工作技能的职务，只要有一个专业的就业辅导员可以提供工作现场的支持，他也能用一般职业技能去胜任所找到的工作。因此在职高三年级阶段，学校和就业辅导机构的联系合作就非常重要。专业有分工，职高做好特殊学生的基本工作能力与工作人格的教育，而社会组织做好特殊人士就业支持的专业服务，中重度智力障碍学生必能在职高学校毕业后找到适合的工作并适应职业生活，此阶段亦可称为专精职业技能训练阶段。

4.职业适应阶段

本阶段应该由劳动部门或民政部门鼓励社会组织接续特殊职业高中的课程，让学生在毕业后有专职就业服务的单位进行支持性或融合性的就业，在学生就业场所进行工作现场的职业分析与工作设计，务求学生能在最短时间内学会该职业的工作方法，如果该职业较复杂，就业支持人员还能在现场为学生进行教导或职业再设计，使学生最终能胜任该项工作能维持工作，获得与一般工作者一样的职业适应生活。

学生毕业以后能找到什么工作机会是很难预先准备的，职业教育的目的就是培养好学生适应任何工作职种的一般性工作能力，以及良好的工作人格，好让接续服务的就业支持人员可以很快地辅导学生就业并适应职业生活，而不是让学生因为工作态度或职业生活的不适应，不断转换工作，最后只好回到庇护性工厂或甚至赋闲在家。

> 三、职业教育课程的实施方法

依据以上生计教育的观念与职业发展阶段，本课程建议以下的实施方法：

（一）教学模式

1.第一年:职业觉知阶段

课程内容以职业觉知为核心,统整其他课程领域。学校选择12~18个涵括各职种的工作样本作为教学主题,每个工作主题进行约2~4周的教学,主题目标在于了解工作的意义、工作的特点等。工作主题如何进行教学活动来培养职业觉知,请参考后面教学活动设计的建议。

2.第二年:职业探索阶段

课程内容以职业探索为核心,统整其他课程领域。学校选择8~10类涵括各职种的工作样本作为教学主题,每个主题进行约4~8周教学,主题目标在于探索自己的工作兴趣以及适合的工作职种,但是最重要的是在利用这几个经典的工作样本进行一般工作能力的训练。

工作主题如何进行教学活动来探索学生的职业取向并建立一般工作人格、工作能力?请参考后面教学活动设计的建议。

3.第三年:职业训练阶段

以专精职业技能训练为核心,将职业的范围再缩小为1~3种适合学生的职业能力训练。由于每个学生适合的职种不同,因此学校仍要设置足够的职种训练场所。理论上,学校设置的几个职种的场所与设备,在学生的第一年是服务于职业觉知的活动,第二年作职业探索用,第三年就可用作专精职业能力训练。因此同样一个场地,同一个时间,可能会同时看到不同年级的学生在里面从事不同功能的职业活动。因此职业教育老师对于学生在一个工作场合中所从事的是职业觉知、职业探索,还是专精职业技能的训练,心中要非常清楚,要做好各年级的不同侧重点的教学主题活动设计。

到了专精职业训练阶段就不是用教学的方式来训练,而应该尽量模拟真实工作场所、工作要求进行实地培训,其训练活动设计也请参考活动设计部分。

上述让学生觉知或探索的是社会上常见的几个职业种类,因为不可能提供全部的职业场景进行教学,因此每个职业种类选择一两个具有代表性的,此处称之为工作样本。

（二）工作样本的选择

以上所建议的8~18个职种应如何选择?

工作样本的选择应依据该职业对工作能力的要求分为几大类,务必使学校开设的各个职业种类能教导到就业所需的全部能力,避免集中教某类工作能力,又偏废某类工作能力。

工作能力的要求可以分为哪几类?

依据工作场所分为:室内工作类、室外工作类(例如要选超市理货类,也要选园艺劳动类)。

依据体力要求分为:重体力类、轻体力类(例如要选园艺劳动类,也要选文书工作类)。

依据人际互动频率分为:高人际互动类、低人际互动类(例如要选餐馆前台服务类,也要选艺术创作类)。

依据认知判断要求分:高认知类、低认知类(例如要选快递服务类,也要选流水线装配类)。

其他分类:如果有当地经济特色产业或新兴行业,其特点不能归为以上几类者,学校可以再自行分类,以免遗漏。

依据上述分类找到当地合适的工作种类,每一类至少要有一个代表性职种,作为工作样本。每个样本可以代表两个以上工作能力,加以对照后,确保每个能力都有至少一个工作样本可以训练到、探索到。因为职业教育并不在于定向训练学生某项职种的技能,而是确保学生能学习适合职种的一般技能,一旦学会了一般技能,就能到各种职种的工作环境去就业,再于就业环境中去练习适应该特殊环境所需的其他能力(进入支持性就业范围)。

工作样本选择对照表例:

工作能力	1 园艺	2 清洁	3 装配	4 陶艺	5 雇员	6 牧场	7 加油	8 洗车	合计
室内		*	*	*	*				
室外	*					*	*	*	
重体力	*	*				*	*	*	
轻体力			*	*	*				
互动多(团体)	*	*			*		*	*	
互动少(个人)			*	*		*			
高认知要求(需判断、自主)	*			*	*		*	*	
低认知要求		*	*			*			
合计									

注意:学校一定要利用这样的对照表来选择自己学校提供的工作样本。

(三)教学活动设计

1.职业教育第一年:职业觉知

职业教育课程的教学,应采取"以工作为核心的单元活动设计"模式。

单元教学指的是在一定的时间内教导一个对学习者最重要的主题,经由完整的学习经验,终致达成具功能性的主题目标的一种教学活动的设计方式。为达成学生对职业的觉知、探索与建立一般工作能力的目的,建议采用核心式的单元活动设计。

(1)科目设置:职业教育第一年建议课程表设置:工作主题课、工作语文课、工作数学课等主要科目,符合学生对各工种之认识需要,另外安排为小区生活做准备的生活技能、休闲技能(音乐、舞蹈、美术、棋牌活动)等相关科目。

(2)工作单元主题设定:确定第一年用来作为"职业觉知"的工作样本有哪些? 以每个工作样本作为单元主题,例如:"洗车工";而与该工作有关的各领域能力就要与之联系同时教学,例如与之有关的洗车工工作中需要具备的听说读写能力有哪些? 洗车工工作中需要具备的数学或认知能力有哪些? 感觉动作或操作方面需要具备的能力有哪些? 以此形成本主题的教材网,再依据此教材网进行教学活动设计(见以下单元主题的教材网例)。

(3)工作单元活动设计建议:第一年职业觉知阶段的工作主题活动可以在不同时段,到附近的工作场所参观其工作内容与方式,访问其工作人员的工作心得与生活状况,理解工作环境与规范,认识工作器材与设备等。也可以模拟演练,请相关工作人员到校现身说法,或从网络、视频上查找该工作的相关资料,拜访职介所,观赏电视相关职业节目等进行对职业的觉知与认识。

在第一年的职业觉知阶段,同样的主题只要选择不同内容的教材即可:

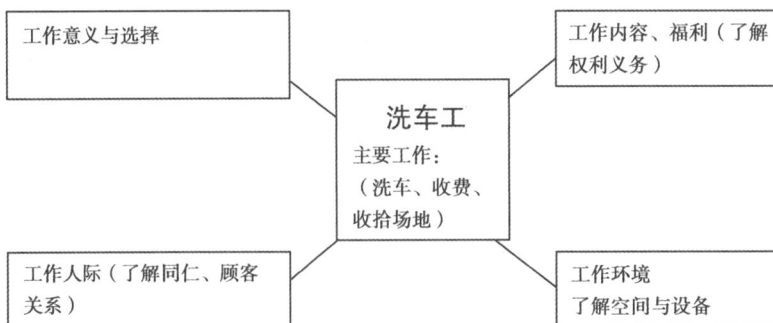

工作主题的活动计划范例(以一个月四周、每周四节课为例):

课时	教材内容	教学活动示范
第1节 第2节	对洗车工作好奇并产生兴趣	1.老师用汽车模型介绍洗车工工作,并放视频,问同学的相关经历(例如有无看过洗车? 有无亲友做洗车工作?引起动机,联结旧经验) 2.计划如何去参观洗车场
第3节 第4节	了解洗车工的工作概况	3.复习去洗车厂参观注意事项与行为规范 4.到学校附近洗车厂参观。先听老板介绍 再看洗车工介绍示范 5.观摩洗车工具与用品 6.对感兴趣的用品、场地进行拍照
第5节		7.回校后对数据进行回顾 8.预告下节课还要再去,去看什么?
第6节 第7节		9.再次去洗车场,旁观真实洗车全程 10.征求同意录像(以上都是对洗车工表面工作与环境进行了解)
第8节		11.回校后对数据进行回顾 12.将资料整理归类:以照片分类场地、用品、工具、服装;或以人、事、物、时、地来分类
第9节 第10节		13.以下进入对洗车工工作内在信息理解:福利、待遇、意义、生活、感受等 14.计划如何再进行调查:可以请洗车工接受访谈 15.分工(主谈、记录、接待等)练习访谈
第11节 第12节		16.洗车工到班级演讲:介绍自己找工作、当洗车工、工作内容、工作生活感受等 17.学生访谈洗车工
第13节 第14节		18.整理资料:以照片专辑做成洗车工职业简介,以海报展览形式呈现
第15节 第16节		19.展示成果:将制作的海报或专辑公开展示(展示方式可以在线、线下、全校活动或跨班级活动,或家长活动进行) 20.自三种职业中,投票选出下个单元要去认识的职种

2. 职业教育第二年：职业探索

（1）科目设置：为探索学生的职业取向与建立一般工作人格与能力,科目设置必须包含各种工作体验,开设工作主题活动(工作实习)、工作语文(语文进修时间)、工作数学(数学进修时间)、工作技能、工作生活技能、工作休闲活动(员工联谊活动时间)等。

（2）单元主题设定：同第一年一样,只是工作主题数量减少,目的是进行第二年的职业探索与一般工作能力的建立。

（3）工作单元活动建议：开始让学生在几个工作样本间操作,实际体验该工作人员的职业生活,因此活动应模拟真实工作时间表与工作规范,使用正式的工作器具,以便老师观察评估学生的职业取向,学生也可发现自己喜欢的工作,并且锻炼一般的工作态度与技能。此时,我们应该以工作为核心,在工作现场进行相关的,该工作所需的语文或数学或操作技能的教导训练。活动设计建议模拟公司的语文咨询台、数学咨询台、问讯处或拜师学艺、员工技能大赛等符合上班族的进修学习模式来设计。以工作为核心的单元教学的教材网举例如下。

一般工作技能培养阶段的工作主题与相关领域的教材选择：

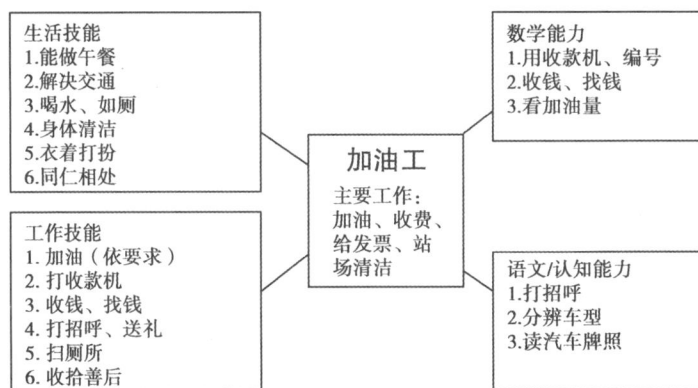

符合工作生活的活动计划例(以一个月体验一个工作种类为例)：

时间	教材内容	教学活动范例
每个工作日上午	体验加油工之工作与生活	每天上午到加油站实作两小时 (有些职种是设置在校园内,校园环境工作化,例如园艺、洗车、餐馆、商店、美容美发)
	学习加油的一般技能：使用工具、执行工作程序等	在师傅(工作教师)的指导下学习、使用工具 师傅(工作教师)观察每个学生工作时的优弱势,包含相关语文数学认知等技能表现

续表

时间	教材内容	教学活动范例
工作前后	工作生活	以工作分析步骤与教师示范,在工作现场教导生活技能:如何独立使用加油站的更衣间、饮食区、如厕区、洗漱区、个人财物放置区等
工作休息时	工作休闲	以角色扮演或实际休闲活动,在工作现场教导如何应用加油站的休闲设施与资源,或自备休闲资源,学习如何与同事互动、共同休闲或不打扰别人
下午不上班时	学习工作中需要的语文与沟通技巧(例如招呼客人、回答客人问题、看懂加油站与用品的视觉标识)	在工作场所/语文角进行工作所需听说读写的能力教导。阅读理解文字、符号或标志以和现场一样的图文进行配对、分类、指认和命名活动至学生能理解并遵照
	学习工作中需要的认知与数学技巧(例如:看加油量、报价格,看懂相关数字的用意)	在工作场所/数学角进行工作所需数量、金钱、数字符号的能力教导,必要时应用辅具帮助学生达成相关问题解决。例如使用语音输出计算器来报价格、用一一对应的方式来计算用品数量等
单元结束后		教师需评量并记录每位学生的工作表现,整理出其对该职种的兴趣爱好、工作技能的优弱势

注:以上时间安排只是举例,可以下午工作、上午上课;也可以工作实作后,回到原班教室上工作语文、工作数学等。

3.职业教育第三年:专精职业技能训练教学设计

本阶段学生已经各有适合的专精职种的工作能力要训练,因此建议把相近职种的学生组成一组,方便进行实地辅导。工作主题应该选择学生共同适合的工作种类,尽量以上班的形式,由实习老师带到校内外各个场所实习,过上班一样的生活,以一学期学习一个符合学生职业取向的专精职种为原则,若刚实习就发现不适合,可以进行职业的调整,使学生可以有一段较长的时间在同一个工作场合,表现并实践其所学的工作技能与独立生活技能,为将来正式就业打下基础。

专精职业技能训练期就需要在一个学期的实地工作中,教导学生不足的专精职业能力,使学生以后能胜任类似工作,若是发现有需加强的能力尽量在现场教导改进,需多次练习的话,可以在工作之余安排补救训练,有针对性地进行密集训练。若实在教不会,则需要为学生设计辅助支持措施,例如简化工作程序、使用替代辅具,并教会学生独立应用,以应付工作所需。

（四）职业教育的空间规划建议

为了配合职业教育课程与职业教育教学活动的进行，一个职高学校的教学空间规划应该有别于一般义务教育阶段的学校空间。

布置原则：如何兼容职业训练与教育？如何既是个教育场所，但是看来又像工作场所？

整体设计：模拟各个工作场所的设计，与真正工作场所不同者可在场所中增加教学角落或空间，以便师生在其中边实践边学习。

空间功能：需要有适合职业觉知、职业探索、与职业训练的8～16种工作样本的场所空间（其中有些可以是校外合作单位），包括工作场所设备与器材原料储存空间、样品展示间、员工活动空间、员工生活空间、行政办公室等，必要时（如果需要独立生活训练）还加上员工食堂与员工宿舍。以上每个空间要加上学习角落的设施，例如：学习桌椅、计算机、白板、文具用品柜等。

注意事项：避免让学生产生还像小学初中一样上课的感觉；避免只有狭隘地选定4~5个职种的功能教室在运作；避免作息时间与空间皆以学校管理模式运行。

（五）职业教育所需专业人员建议

既然要以"职业觉知—职业探索—职业训练—职业适应"为职业教育的课程理念，那么在人员编制上就不是以某种职业的专精技术人员为主。在第一年与第二年的职业觉知与探索阶段，应该是以受过职业教育教学专业培训的特教教师为主。而学校设置的8~16种工作样本就需要每个样本有一位真正的工作师傅或工作教练，即便是校外工作场所的师傅也要给予长期聘约，以便这些师傅除了教授本职工作的专长外，还要有基本的与特殊学徒的互动，他们要辅助特教老师给予工作方面的咨询与辅助。而学生第三年的专精职业技能训练的主要指导者就是以工作教练为主、教师为辅了。

当学校要和校外的工作场所联系参观或实习时，就需要有一个专门对外的部门，例如学生实习辅导处，由专业人员和校外的实习单位接洽并管理好实习业务，平时收集尽可能多的社会资源，以辅助学生工作实习或设计活动之用。另外在学生毕业之时，协助联系下一阶段的服务单位，例如特殊人士就业辅导单位、生活辅导单位等。

> **四、职业教育课程评量与个别化职业教育计划的拟订**

如何决定每个学生职业教育的起点，以便制订其职业教育的目标？

首先需要进行职能评量，具体阶段如下所述。

（一）职业教育第一年（职业觉知阶段）

进行一般职业能力与生活能力的评量，并拟订本阶段的个别化教学目标。

1.评量

课程评量：利用本课程的评量表进行学前评量，以建立学生在本套课程的起点。评量结果可以绘制成侧面图，依据侧面图选择学生第一年的职业觉知的个别化教学目标。

其他评量：与学生的基本资料、健康资料、家庭资料、学习特质等有关的资料收集评量。

2.拟订目标

为学生拟订个别化职业教育计划，计划中最重要的是要叙写出学生的个别化目标。目标的选择需要经过专业人员开会讨论决定，但是讨论的依据应该是评量的结果，而选择目标的重点以对职业的认识与意识的培养为主。

（二）职业教育第二年（职业探索与一般职业能力训练阶段）

1.评量

课程评量：进行一般职业能力、职业态度与生活能力的评量，同样利用本课程评量表进行第二次的评量，将评量结果绘制成侧面图。依据侧面图选择学生第二年职业探索的个别化教学目标。

职业取向评量：评量学生的职业兴趣与能力倾向。可以利用现成的评量表，如图画式职业兴趣量表或工作样本的现场实作评量，也可以利用本课程的评量项目，在每个工作主题教学活动的学习过程中，观察出每个学生的不同职业取向，以便第三年往该方向发展。

2.拟订目标

选择目标以让学生能均衡学习全部职业技能与生活技能为主，不但要发现学生的优势兴趣与能力，还要补强学生工作上的弱势，目的在于让学生体验各种不同的职种，勿偏废，才能找到真正适合的职种，并且尽量使学生具备课程中的所有工作人格、工作技能与生活技能，以便将来适应一般职业生活的要求。

(三)职业教育第三年(专精职业能力训练阶段)

1.评量

课程评量:仍旧需要对个别学生进行一般职业能力、职业态度与生活能力的评量,同样利用本课程的评量表进行第三次的评量,将评量结果绘制成侧面图。然后将之与职业现场所需能力的评量结果进行比对,以便依据比对结果选择学生第三年职业探索的个别化教学目标。

职业环境的生态评量:评量学生所适合的职业,所需要的工作人格、工作能力与生活能力,发现学生若要从事该项职业,还有什么不足之处。这就是职业教育第三年所需要集中精力培养的目标。职业环境的生态评量需要到真正的工作环境中去观察学生和环境要求的差距,并以此作为训练的重点。训练也最好在真实环境中进行。因此学校应该在社区周围依据职业样本的需求签订几个工作实习的场所,如果可能,还要在学校建设就业实训场地。这些工作场所是经由工作样本的选择确定的,因此也是值得学校长期经营的。经由每个场所的现场实作评量结果,教师绘制出该工作所需的职业能力的基准线,成为可长期使用的工作效标,以便把每个学生的课程评量结果与之比对,发现其间的差距,作为该生的专精职业技能须培养的目标,以便在学生的学习过程中进行训练,帮助学生在职高第三年能针对性地往他最想要以及最合适的工作职种发展。

因此,此阶段的课程评量应该有两条基准线:一条是学生的现有能力,另一条是从事某项职种的能力要求。两两对比,才能决定学生职业训练阶段的目标。

2.拟订目标

选择目标以让学生能学习适合其职业取向的职业技能与生活技能为主,不但要发挥学生的优势,还要补强学生在从事该专精职种工作上的弱势,目的在于让学生找到真正适合的职种,并且尽量具备该职种的所有工作人格、工作技能与生活技能的各项要求,以便将来能适应该职种的职业生活。

(四)毕业后的职业适应阶段

此阶段应由社会上专业的就业辅导机构进行支持性就业服务,其评量以在实际工作岗位进行个人—环境的生态评量为主,评量概念和前述差不多,只是评量的情境是学生真正就业的场所与工作实况,评量结果作为现场指导、支持的依据,以便学生胜任并保有该工作。

（五）个别化转衔计划

从义务教育阶段升入职高阶段,或者从职高阶段进入社会,对特殊学生而言都是人生中的一大转折,对服务单位而言,也是提供一个全新的服务的开始。帮助学生从一个阶段进入下一个阶段时彼此都能适应良好,就需要在转衔之前的一年做好转衔的准备。这会要求转衔的前后两个阶段的专业人员在转衔前一年做好准备工作。例如,做好学生基本资料与评量资料的转衔,共同召开个别化转衔计划的会议来制订转衔前后一年的主要目标等,皆有利于学生与单位尽快进入状况,本职业教育课程的评量结果也可作为转衔前后两个单位共同参考的资料。

第二部分
心智障碍青年职业教育课程　使用说明

> ### 一、职业教育课程目标

有就业机会时,特殊青年在个别化支持下,能具备一般工作技能,遵守工作规范,独立适应工作生活。

> ### 二、适用对象

适用于15岁以上职业教育阶段的中重度智力障碍青少年。

> ### 三、课程内容

为达上述课程目标,学生需要具备的职业知能,可分为三大"领域":工作人格、职业能力、独立生活技能;每个领域之下再分为若干"技能",每个技能之下又列出相应的"项目",形成课程的架构。

A.工作人格	
1.工作常规	A1出席、A2准时、A3有始有终、A4按时完工、A5安全意识、A6收拾习惯
2.工作习惯	A7卫生习惯、A8习癖
3.工作态度	A9礼貌、A10愉快、A11诚实、A12友善、A13动机、A14努力、A15创意、A16自信、A17谨慎、A18节约、A19竞争心、A20责任感、A21可靠性、A22专注力、A23洞察力、A24决断力、A25适应改变、A26接受批评、A27忍受挫折、A28克服压力
4.工作质量	A29工作品质、A30自我评价
5.人际关系	A31独立作业、A32小组合作、A33服从上级、A34请求协助

续表

B.职业能力	
1.工作姿势	B1站、B2走动、B3跑、B4跨越、B5蹲、B6跪、B7坐、B8爬、B9躺、B10弯腰、B11攀登、B12平衡
2.体力负担	B13体力、B14举、B15携带、B16推、B17拉、B18背(扛)
3.上肢活动	B19伸手、B20握持、B21扭转、B22手指拨弄
4.感官知觉	B23光线调适、B24视觉、B25形状感、B26大小辨别、B27色彩辨别、B28空间知觉、B29触觉、B30听辨力、B31听力、B32嗅味觉
5.协调能力	B33手眼协调、B34手脚协调、B35手眼脚协调
6.沟通能力	B36记住指示、B37口语沟通、B38职业词汇、B39阅读、B40书写、B41填表
7.工具与材料使用	B42机械操作维护、B43手工具、B44长柄工具、B45电动手工具、B46技术性工具、B47测量工具、B48材料使用
8.计算能力	B49基本计算、B50重量体积容积、B51大小与长短测量、B52时间测量
9.工作程序	B53反复动作、B54固定顺序、B55变动与自主、B56速度适应、B57组织工作的能力
10.安全应变	B58维持安全、B59应变、B60做决定
11.工作环境	B61场所、B62照明、B63空气、B64声响、B65温湿度、B66危险性、B67防护装备、B68职业伤害
C.独立生活技能	
1.家庭维护	C1烹饪、C2家居维护、C3家居安全
2.金钱管理	C4收入计算、C5预算与支出、C6借贷、C7储蓄、C8纳税与缴费
3.卫生保健	C9盥洗与整饰、C10身心保健、C11疾病医药
4.休闲生活	C12休闲资源、C13社区活动、C14安排活动、C15旅行
5.购物消费	C16购物场所、C17选购物品、C18购物手续
6.社交能力	C19家居礼仪、C20睦邻、C21社交礼仪
7.行动能力	C22独自行动
8.公民意识	C23公民权利义务、C24法律常识、C25地方意识、C26地方资源
9.时间意识	C27时间观念、C28时间安排
10.人身安全	C29社区安全、C30自然灾害

以上内容预计在职业高中阶段分三年学习完成。

> ## 四、职业教育课程评量

本课程的内容可以作为职业教育各阶段教学前与教学后的评量项目,以便指导者有系统地了解学生职业教育的起点与学习进展,有系统地制订学生的个别化职业教育计划。

本评量表在评量个案的职业教育需求时,以下列标准考虑赋分。

0分:受试没有工作意愿,或从未有过工作尝试。

1分:受试稍有工作意愿或能力,需较多支持,可尝试机构内工作机会。

2分:受试有基本工作态度与能力,需一般支持,可适应庇护性工作。

3分:受试有与一般人相当的工作态度与能力,只需重点支持,可适应支持性就业或竞争性就业。

而本评量表的第二个领域——职业能力领域又可以作为评量工作职种需要的能力。当学生进入第三年要进行专精职业技能训练时,就要同时评量该职种对员工的要求,具体标准如下所述。

0分:不需该项能力。

1分:需要少许该项能力。

2分:需要该项的基本能力。

3分:需要和一般人相同要求的该项能力。

个案进入职业教育服务,就可利用本课程评量,于以下职业教育阶段进行不同目的的评量。

(一)职业教育第一年——职业觉知阶段

评量目的:职业教育第一年是学生接受正式职业教育的起点,教育目标主要是帮助学生认识职业,形成职业意识与动机,因此可以将本评量作为了解学生职业教育的起点行为的评量工具之一,甚至是主要的评量工具,用以从其中选择和职业觉知有关的个别化目标。

评量方法:依据评量表中每个评量项目的评分描述,进行个别化的评量,以观察个案、访谈重要他人的方式即可,有不明确处再让学生进行实作评量。评量结果的每项分数可以加总为技能的分数,多个技能分数再加总为该领域的分数,将分数绘制于侧面图上,成为比较具象的课程起点的基准线。本侧面图是可以累积记录的,亦即经过一段时间的职业教育后,可以再次评量,比对其间的进展情形并据以做出下阶段教学目标的选择与调整。

教学目标的选择:建议应用本次评量结果时,选择学生职业觉知不足之处,或需要增加的职业知识与基本的职业态度作为个别化教育计划的目标。

　　(二)职业教育第二年——职业探索与一般职业技能训练阶段

　　评量目的:职业教育第二年主要通过几个工作样本来了解学生的职业取向,包括学生的兴趣与长处,同时建立学生基本工作人格和一般工作技能。因此,评量要能看出学生的职业取向与工作技能的优弱势。本评量表不太适合做职业取向、兴趣的评量,但是可以从学生工作技能领域的得分大致看出学生工作能力的强弱,在此基础上去做学生的职业兴趣评量,再加上学生与重要他人的访谈,可以相互参照,发现学生的职业取向。

　　本评量表主要用于了解学生在通用职业适应能力方面的目前情况,以便提高其不足的职业能力。例如,通用的工作人格、工作技能与生活技能等,作为职业探索与一般职业能力的个别化职业教育目标,可以为日后的就业生活做好准备。

　　评量方法:同(一)。

　　教学目标的选择:建议应用本次评量结果时,选择学生一般职业技能较不足的能力作为个别化教育计划的目标,因为要在第一年建立起学生一般职业技能。尽量让学生的一般职业技能表现到2分等级,起码要达1分。

　　(三)职业教育第三年——专精职业技能训练阶段

　　评量目的:作为职业教育的最后阶段,学生的职业发展已经可以有个范围了,因此应该找出学生在适合的少数几个专精职业技能上尚需加强训练的项目,作为最后一年的个别化职业教育目标。

　　评量方法:需要利用现场进行生态评量,让学生在工作现场实际工作,评量者至少要与之共同工作一周,去发现学生在该项工作中的不足。可以当场记录描述,也可以利用本评量表进行不足之处的对照。因此第三年开始时,利用本评量表要做两种评量。

　　(1)工作要求的评量:先以该项工作(例如洗车工作)的实际要求,在本评量表中选择出其对每一项能力的要求是达到1、2还是3,这是可以访谈雇主或现场普通员工而得到的,也需要评量者亲自操作该项工作以后体会。如此可以画出一个该专项工作要求的基准线,再用以和该学生的同项能力(同一项目的学生能力评量)进行比对,看出其间(个人能力和环境需要能力之间)的差距,以便作为职业教育最后一年要加强训练的个别化目标。

　　(2)学生能力的评量:如上所述,在学生第二年的课程评量基础上再次评量,以画出第三年的基准线,只是此次的基准线必须用来和上述的工作要求基准线做比对,焦点对准与工作要求比较不匹配的项目,经过会议讨论后决定学生职业教育生涯最后一年的个别化职业教育计划。

　　教学目标的选择:本次评量结果建议选择学生擅长与喜爱的职业技能为重点培养的目标。可以对照他的职业取向选择某些专精职种,对照该职种所需的能力,若还有不匹配之处,应在本年度开展针对性的训练。例如某职种需要某项技能达到3分水平,但是学生能力只达2分水平,则要将此项技能列为本年度的个别化目标,开展针对性的训练。

> **五、职业教育课程的实施**

在课程目的与评量结果的引导下,学校可以依序展开三年的职业教育,教师可以依照每个阶段的教育重点规划学期教学计划设计教学活动,达成各阶段学生的个别化职业教育计划目标。

本课程建议采用"以工作为核心"的教学模式,让学生真正具备工作态度与技能,最终达成课程目的:当有就业机会时,在个别化支持下,能具备一般工作技能,遵守工作规范,独立适应工作生活。

> **六、职业教育课程评量示例**

下面我们以某唐氏综合征青年君伟的职业评量与个别化职业计划为例,说明学生的现有职业能力、特殊职种所需职业能力,以及学生的职业能力与特殊职种所需能力的对照。

侧面图一:君伟的职业教育的综合评量结果

侧面图二:君伟的职业教育的工作人格评量结果

侧面图三:君伟职业能力与职业所需能力的对照,以及建议选择的个别化职业教育教计划的目标,以打"√"方式标记出君伟在从事该项职业时会有能力不符需求之处,在第三年时应加强这几项能力。本例为某康复中心的厕所打扫清洁工作,主要要求保持厕所地板、马桶、洗手台的清洁。

侧面图四:君伟独立生活技能的评量结果

个案姓名：君伟

班级：高三某班

评量日期：2018年12月1日

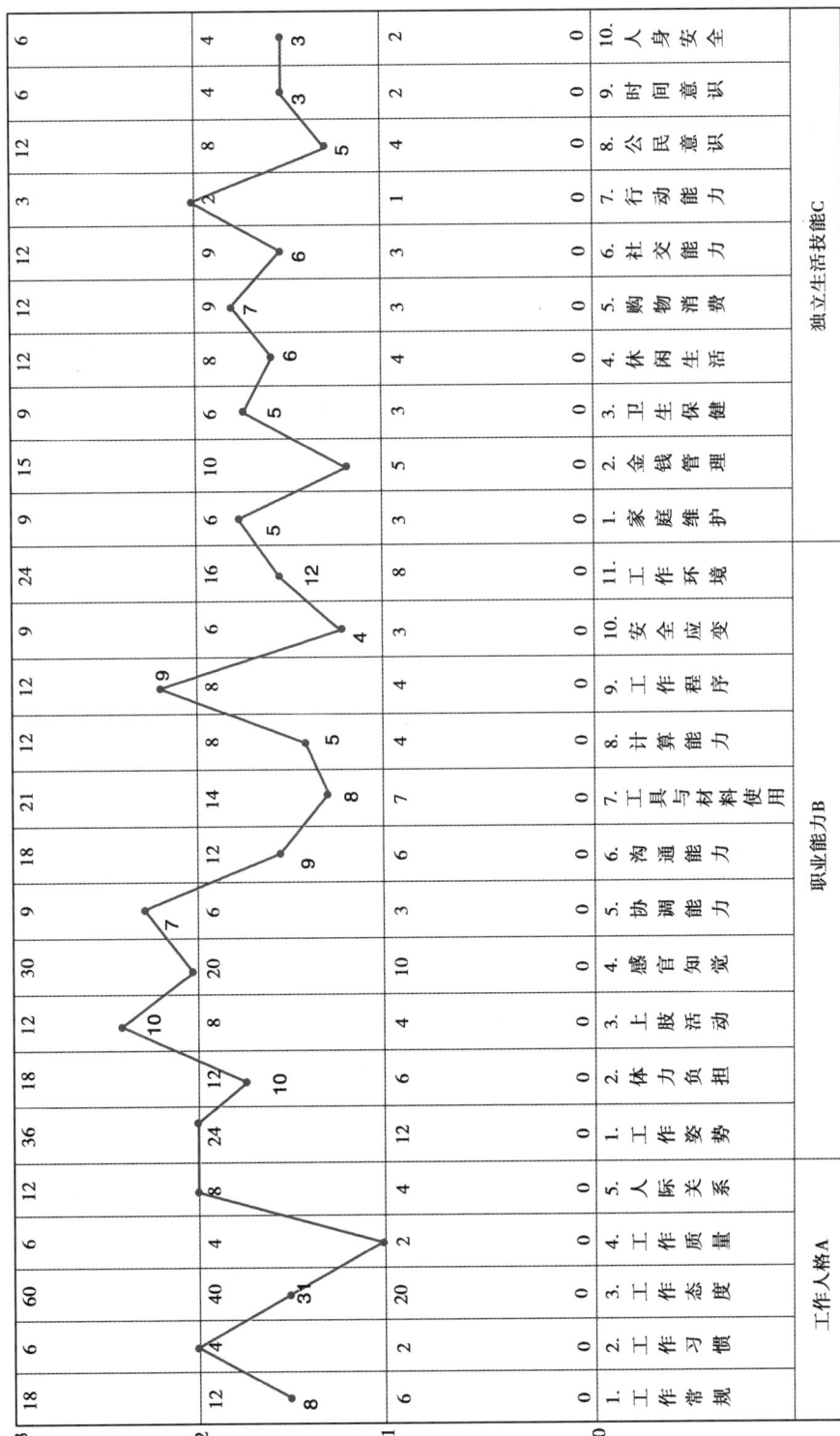

性别：男

学校：略

评量者：略

出生日期：1999年3月1日

图1　综合评量结果

独立生活技能C
1. 家庭维护
2. 金钱管理
3. 卫生保健
4. 休闲生活
5. 购物消费
6. 社交能力
7. 行动能力
8. 公民意识
9. 时间意识
10. 人身安全

职业能力B
1. 工作姿势
2. 体力负担
3. 上肢活动
4. 感官知觉
5. 协调能力
6. 沟通能力
7. 工具与材料使用
8. 计算能力
9. 工作程序
10. 安全应变
11. 工作环境

工作人格A
1. 工作常规
2. 工作习惯
3. 工作态度
4. 工作质量
5. 人际关系

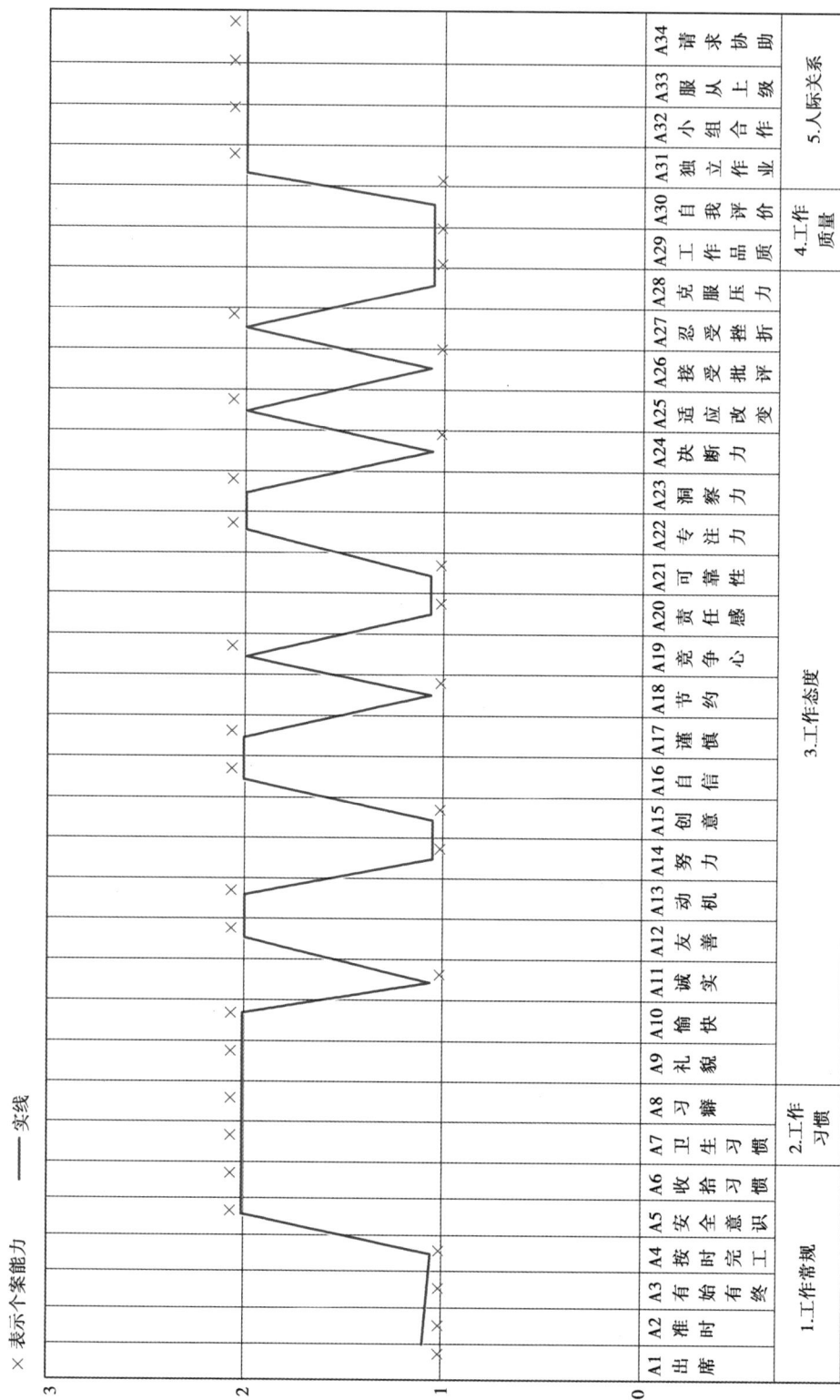

图2　工作人格A

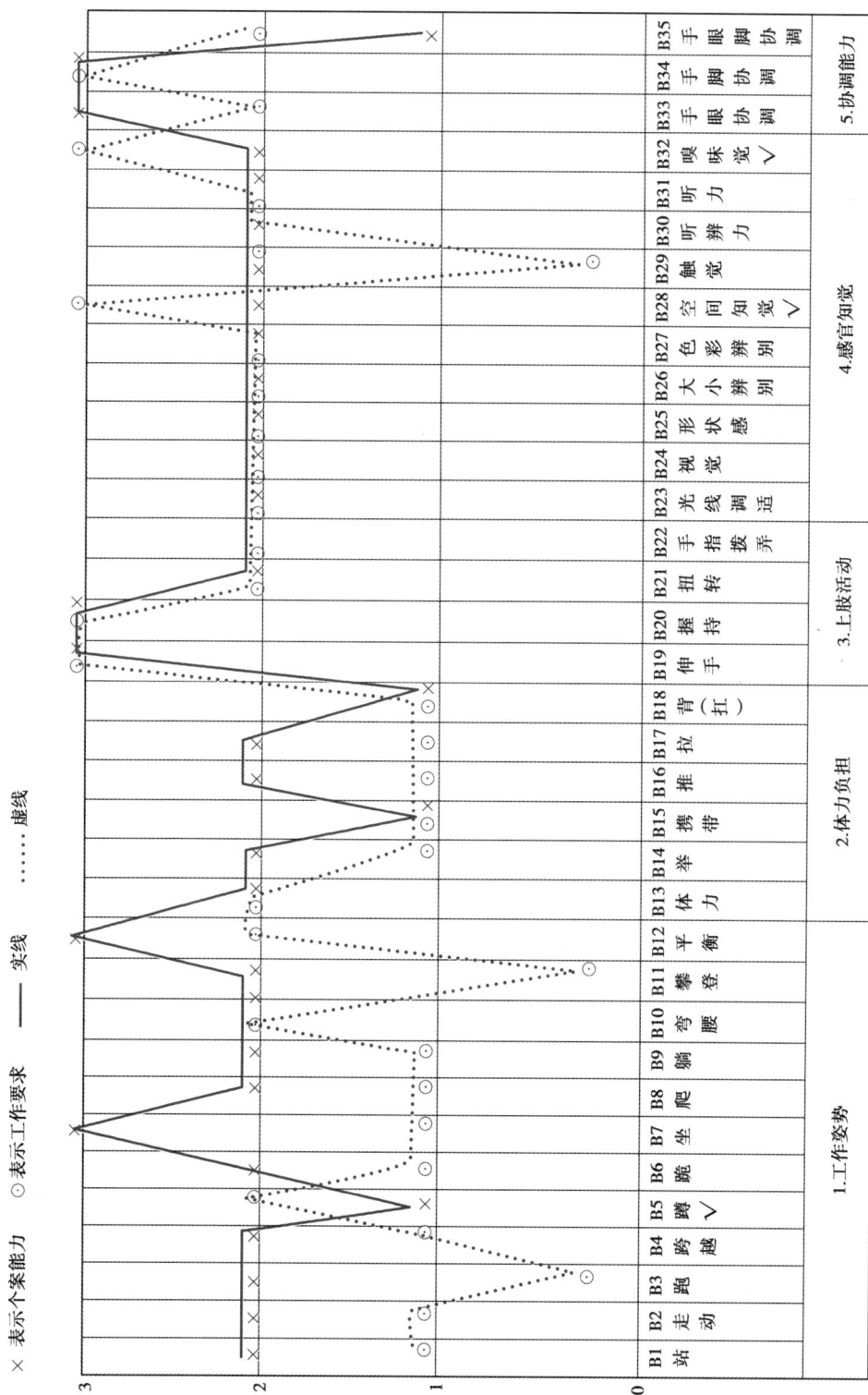

图3　职业能力B（1）

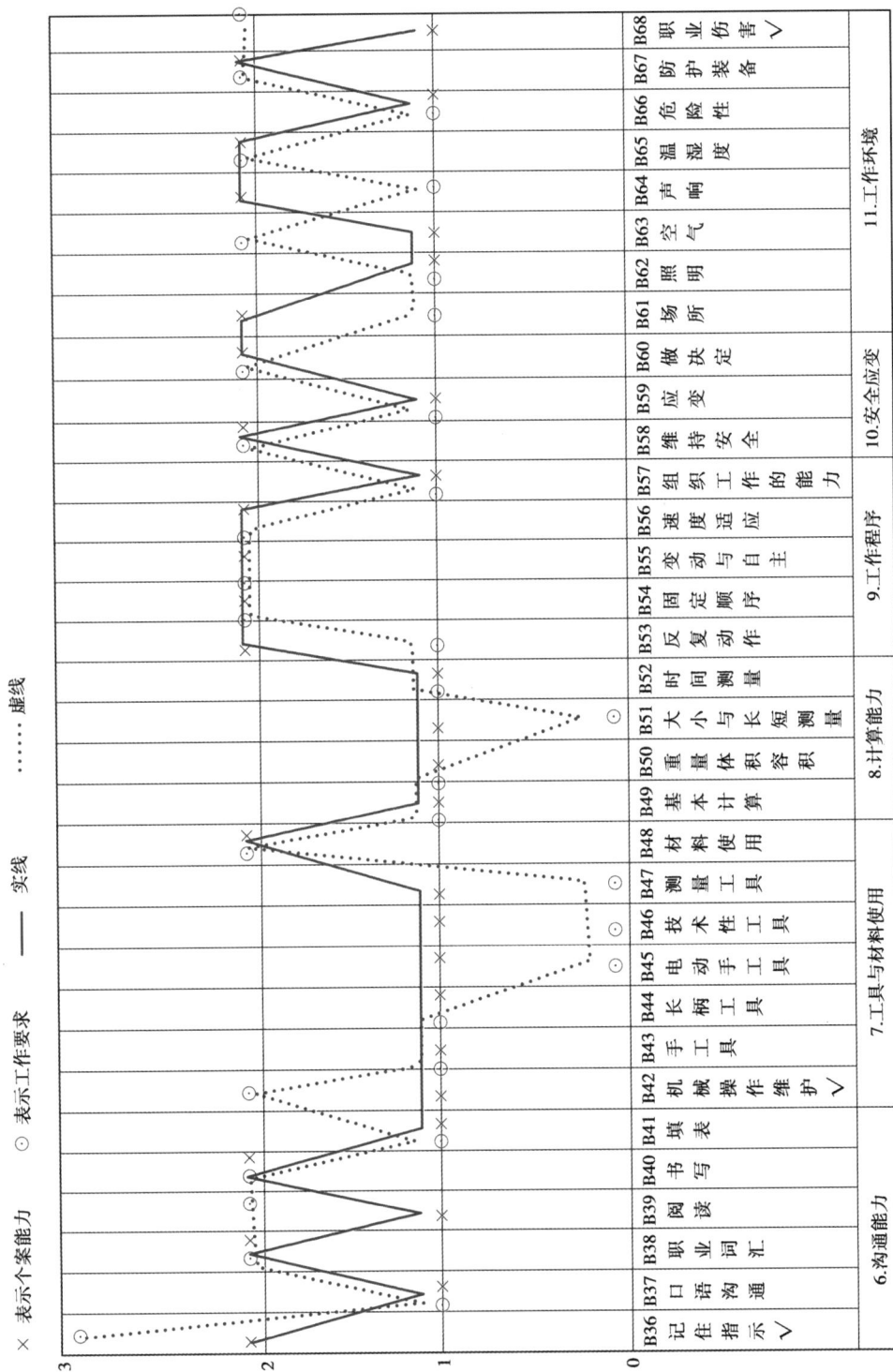

图4 职业能力B（2）

×表示个案能力　　　——实线

项目	能力项目	领域
C1	烹饪	1.家庭维护
C2	家居维护	
C3	家居安全	
C4	收入计算	2.金钱管理
C5	预算与支出	
C6	借贷	
C7	储蓄	
C8	纳税与缴费	
C9	盥洗与整饰	3.卫生保健
C10	身心保健	
C11	疾病医药	
C12	休闲资源	4.休闲生活
C13	社区活动	
C14	安排活动	
C15	旅行	
C16	购物场所	5.购物消费
C17	选购物品	
C18	购物手续	
C19	家居礼仪	6.社交能力
C20	睦邻	
C21	社交礼仪	
C22	独自行动	7.行动能力
C23	公民权利义务	8.公民意识
C24	法律常识	
C25	地方意识	
C26	地方资源	
C27	时间观念	9.时间意识
C28	时间安排	
C29	社区安全	10.人身安全
C30	自然灾害	

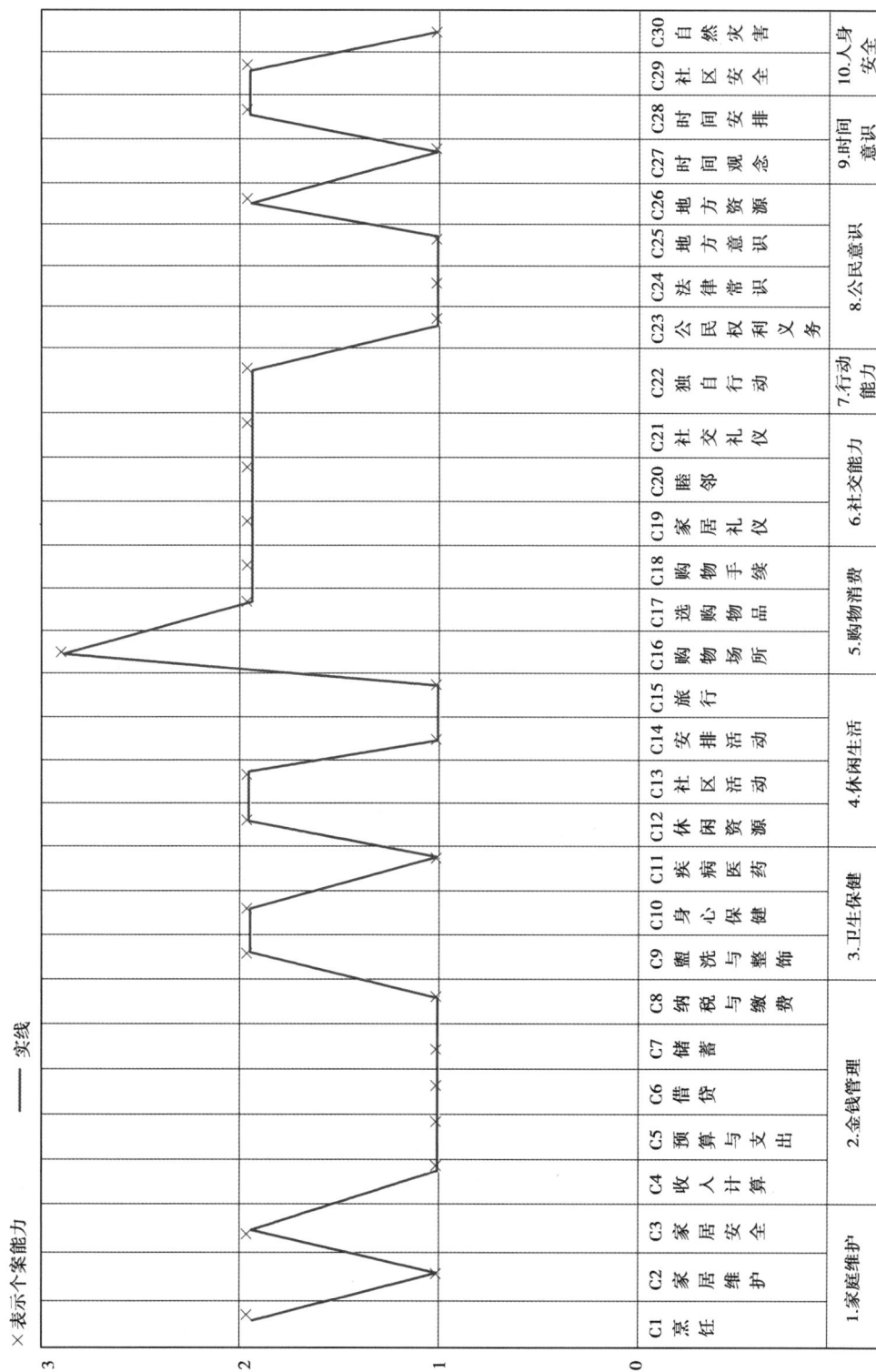

图5　独立生活技能C

第三部分

心智障碍青年职业教育课程　课程纲要

领域A　工作人格

> **一、工作常规**

A1 出席——工作出勤认真,除非有事情请假获准,否则不轻易缺席;有事不能工作时,会立即设法告知。

检核	教学目标
	A1—1 工作期间能出勤认真,不轻易缺席
	A1—2 有事时能事先请假,获准后才离开
	A1—3 临时有事时,能设法告知
	A1—4 能经常保持全勤
	A1—5 能在加班的非常情况下不缺席

A2 准时——每天在规定的时间内准时上下班,在工作中休息(如:喝茶、如厕、午休)后,均能依规定准时返回工作岗位。

检核	教学目标
	A2—1 能每日依规定上下班,不迟到、不早退
	A2—2 工作中休息时段过后,能准时返回工作岗位
	A2—3 工作期间能不中途开溜
	A2—4 与人约定,能准时赴约
	A2—5 能依时完成限时性工作
	A2—6 能依时进行临时工作
	A2—7 能特别用心安排、掌握工作时间或进度

A3有始有终—对于交付的工作命令能努力完成,不会中途退缩、放弃不做、虎头蛇尾等。

检核	教学目标
	A3—1 在提醒鼓励下,对所交付的事情,能有始有终努力完成
	A3—2 对所交付的事情,不必提醒,就能有始有终努力完成
	A3—3 如遇状况无法达成,能妥为交代,不会任其拖延
	A 3—4 对能力较难胜任的事,能努力工作,有始有终
	A 3—5 能鼓励同伴,共同克服困难,努力达成目标

A4按时完工—能准时完成具有时限的工作,能努力维持工作进度,不随意拖延。

检核	教学目标
	A4—1 能经常按时完成所交付的工作
	A4—2 能努力维持所安排的工作进度,不会借故随意拖延
	A4—3 能用心安排工作时间,不会为了赶时间而匆匆忙忙
	A4—4 能提前完成所交付的工作

A5安全意识—工作中具有高度的安全意识,切实遵守安全规定,能察觉工作中的危险状况并预做防范。

检核	教学目标
	A5—1 能在必要的提醒下,遵守工作场所中的安全规定
	A5—2 能主动注意遵守工作场中的安全规定
	A5—3 具有高度的"危险意识",不做危险的举动
	A5—4 能小心使用工具
	A5—5 对环境中明显的危险性可以正确察觉,并小心防范(如:火、化学药品、尖锐物等)
	A5—6 对于环境中潜藏的危险,能敏锐地察觉并加以防范(如:落物、负重限度、倒塌等)
	A5—7 能发现别人的危险行为,提出警告
	A5—8 能注意自己的行动不会危及他人

A6 收拾习惯—工作过后或告一段落时,有收拾现场的习惯,借用或取用的物品有归还或物归原位的习惯。

检核	教学目标
	A6—1 能在必要的提醒下,收拾工作现场
	A6—2 能主动收拾现场(如:打扫、整理、摆放、定位)
	A6—3 能主动归还借用的物品
	A6—4 能主动将各种物品归还原位并做整理
	A6—5 在工作过程中,能注意各项物品的取放位置,保持工作场所井井有条的状态
	A6—6 在工作中每告一段落,能主动收拾,以维持工作场所的整洁领域

> **二、工作习惯**

A7 卫生习惯—外表整洁,望之无邋遢感(如:头发、胡须、指甲及衣着整齐,牙齿清洁无口臭,身体无异味等)。

检核	教学目标
	A7—1 能勤于修剪头发
	A7—2 能勤于修剪胡须
	A7—3 能勤于修剪指甲
	A7—4 能勤于换洗衣着
	A7—5 能勤于修整衣着
	A7—6 能勤于保持衣着干净
	A7—7 能勤于保持衣着完整
	A7—8 能保持口腔卫生,勤于漱洗
	A7—9 以维持能勤于沐浴,不生异味
	A7—10 能给人外表整齐、清洁的印象
	A7—11 能自行适当运用香水、面霜等打扮自己
	A7—12 能自行适当使用饰物装扮自己

A8 习癖—没有不自觉的或难以控制的习癖动作或语言(如:咬手指、口头禅、晃动身体、出怪声等)。

检核	教学目标
	A8—1 能自我控制不雅的习惯性动作或语言
	A8—2 能表现出职场要求的行为举止
	A8—3 能掩饰自己的习癖动作,不影响观瞻

> ## 三、工作态度

A9 礼貌—在社交场合适当地表现出歉意、问候、尊重、礼让、分享、招待他人等行为。

检核	教学目标
	A9—1 能问候他人
	A9—2 能表达对他人的尊重
	A9—3 能礼让他人
	A9—4 能与他人分享所有物
	A9—5 能在需要时适当表达歉意的动作与语言
	A9—6 在社交场合,能给人一种有礼貌的整体印象
	A9—7 在社交场合,能有合理的应对举止,表现突出,给人深刻印象
	A9—8 能在喜庆场合表现出适当的言行
	A9—9 能在喜庆场合有适当的穿着
	A9—10 能在严肃哀伤的场合表现出适当的言行
	A9—11 能在严肃哀伤的场合有适当的穿着
	A9—12 能不过分殷勤,不打扰别人
	A9—13 能表现工作中要求的礼貌言行

A10 愉快—保持愉快乐观的心性。若无严重刺激,能保持情绪稳定,不会大吼大叫或喜怒无常。

检核	教学目标
	A10—1 偶有不如意时,能在最短时间内恢复愉悦的心情
	A10—2 能合理地控制脾气,以适当的方式表达内在的感受
	A10—3 待人处事能常心存感激
	A10—4 能将不愉快的事往正面去想
	A10—5 平时能自得其乐

A11 诚实—说实话,能坦承错误,让他人有信任感。

检核	教学目标
	A11—1 偶有说谎情形,但经纠正或晓以道理,能坦承错误
	A11—2 能坦承错误,不论结果对自己是否有害,均不推诿
	A11—3 能诚实完成自己工作,不论有无监督
	A11—4 能诚实遵守行为规约,不论有无监督
	A11—5 能据实描述所见或所经历的事务
	A11—6 能不受误导,诚实行事

A12 友善—对工作伙伴表现出接纳的态度,没有排斥、挑剔、攻击、诋毁等拒绝的敌对态度。

检核	教学目标
	A12—1 能接纳熟悉的工作伙伴
	A12—2 能以语言适当地与工作伙伴沟通
	A12—3 能以动作适当地与工作伙伴沟通
	A12—4 能以适当的方式(如:微笑、协助、分享等)表达对同伴的善意
	A12—5 能对不熟悉的新伙伴表现出接纳的态度
	A12—6 能主动与同伴友善地联系
	A12—7 能对不甚友善的工作伙伴表示善意

A13 动机—能了解工作的意义与酬劳的关系,具有工作的意愿,喜欢有事做,会主动追求工作机会,并努力保有此项工作。

检核	教学目标
	A13—1 能保持高度工作意愿,喜欢有事可做
	A13—2 能努力保有工作,会担心失去工作
	A13—3 能了解工作与酬劳的关系
	A13—4 能主动追求工作机会(如:找就业广告,请人介绍工作等)
	A13—5 能为完成长远目标(如:年终奖金、绩效奖金)而主动、持久地完成工作

A14努力——工作时全力去做,表现出积极用心的态度,不会让人有应付了事、得过且过、敷衍塞责等感觉。

检核	教学目标
	A14—1 在工作职场中,能表现出认真、用心、尽力去做的态度
	A14—2 能给人积极用心、努力进取的印象
	A14—3 遇能力较难胜任的事,能展现出努力、认真的态度
	A14—4 在加班赶工的工作状况下,也能努力工作
	A14—5 在高温的工作环境下也能努力工作
	A14—6 在有噪声的工作环境下也能努力工作
	A14—7 不轻易离开工作岗位
	A14—8 能尽力完成任务
	A14—9 即使没有监督,亦能依照要求之标准进行工作
	A14—10 在工作场所中,能默默地找些分外事来做,不求被人所知

A15创意——在工作过程中,能够机智地表现出创造力,促使工作的品质、速度、成果获得一定程度的改善,并为工作单位所认同。

检核	教学目标
	A15—1 能在工作中适当地表现出创造性的变化
	A15—2 能经常对工作的过程步骤、产品设计等,提出个人的看法
	A15—3 能在工作中表现出创造性,且对工作质量有建设性价值
	A15—4 能在工作中表现出创造性,且对工作速度有建设性价值
	A15—5 能在工作中表现出创造性,且对产品有建设性价值
	A15—6 创造性地解决困难,能动脑筋做事,而非被动因循

A16自信——对自己的能力有适当的信心,不会犹豫不决。若无特殊理由,对新给予的工作乐于尝试、学习,不会逃避。

检核	教学目标
	A16—1 能在工作中表现出主动积极
	A16—2 能有意愿尝试自己能力可能无法胜任的工作
	A16—3 能对新给予的工作表现出乐于尝试与学习的态度
	A16—4 能在陌生工作环境中表现出积极参与的态度
	A16—5 面对异样的眼光,能坦然工作

A17 谨慎—在工作中随时细心地确保工作的安全、品质,行为举止不会有粗鲁莽撞的感觉(如:弄坏零件、发生意外等)。

检核	教学目标
	A17—1 能在工作时注意,动作小心,不毁损伤害机具
	A17—2 能谨慎表达
	A17—3 能谨慎处理、操作工具,作业程序及安全习惯不出差错
	A17—4 能在需谨慎小心的工作上(如:搬运易碎器皿),有良好表现
	A17—5 能预估行为后果
	A17—6 行动前能先察看环境中的危险因素
	A17—7 工作时能同时注意到环境中的变化
	A17—8 能小心不破坏环境中的物品

A18 节约—对于工作材料、时间及体力均能注意节约、控制,不随意浪费消耗。

检核	教学目标
	A18—1 能不额外消耗、浪费工作材料
	A18—2 能严守工作程序,专心从事,做好时间控制
	A18—3 能适当使用金钱,不做无谓的浪费
	A18—4 能妥为规划工作程序,以节省体力
	A18—5 能在维持一定质量的同时,对材料、金钱、体力及时间,做最节省的耗费

A19 竞争心—工作中具有适当追求成功或比他人优秀的企图心,当伙伴工作绩效较佳时,有见贤思齐的表现。

检核	教学目标
	A19—1 能因同伴的较佳表现而试图改善自己的工作质量(可不计成果)
	A19—2 能因同伴的较佳表现而试图改善自己的工作速率(可不计成果)
	A19—3 能因同伴的较佳表现而试图改善自己的工作态度(可不计成果)
	A19—4 能在具竞争性的工作中,明显表现想获胜之心
	A19—5 能在不具竞争性的工作中,改善并超越自己的表现水平
	A19—6 能对新的或难度高的工作,表现出追求成功之心

A20责任感—对于交付的工作任务能时时放在心上,设法完成;遇到困难会寻找解决的途径,不会置之不理。

检核	教学目标
	A20—1 能努力去做所赋予的工作
	A20—2 工作无法完成时,能适当说明理由
	A20—3 工作无法完成时,能做适当移交
	A20—4 工作无法完成时,能负责地请求原谅
	A20—5 对有困难的工作,能努力尝试,寻求解决方法
	A20—6 能提醒他人应该完成的工作任务

A21可靠性—能信守承诺并可放心付予工作,不必担心会有忘记、反悔、变卦、缺席等不可靠的表现。

检核	教学目标
	A21—1 能不遗忘所托付的工作
	A21—2 能做到答应他人的承诺
	A21—3 对于无法完成的承诺,会尽早通知对方

A22专注力—具有一定程度的注意力,能专注地完成工作,不易受理或其他刺激的干扰。

检核	教学目标
	A22—1 在一般正常的情况下(指刺激与干扰较少),能专心工作
	A22—2 工作进行中,能专心工作,不闲聊
	A22—3 工作进行中,能专心工作,不喋喋不休
	A22—4 工作进行中,能专心工作,不与人争执
	A22—5 能自始至终完成工作,不中途离去做与工作无关之事
	A22—6 能固守工作岗位,不随意离去
	A22—7 在较多刺激干扰的情况下,仍能专心工作
	A22—8 即使身心受到若干程度的打击(如:受训斥、微恙等),仍能专心工作
	A22—9 在需要延长工作时间的情况下,仍能尽量维持工作质量与进度

A23 洞察力—了解到当下场合所蕴含的事理或意义(如:正确地辨认他人的表情、语调、肢体动作,以及环境气氛等寓意),来调整自己的行为。

检核	教学目标
	A23—1 能正确地察觉他人脸上表情所蕴含的意义(如:喜、怒、哀、乐、恶、惧等)而调整行为
	A23—2 能正确地察觉他人的声音所蕴含的意义(如:抑、扬、顿、挫等)而调整行为
	A23—3 能正确地察觉他人的肢体动作所蕴含的意义而调整行为
	A23—4 能正确地察觉整个环境气氛所蕴含的意义而调整行为
	A23—5 当熟悉的气氛产生变化时,能察觉到,并调整行为

A24 决断力—在工作时对于需做判断的两难情境,能有较合理的判断,并做出恰当的反应。

检核	教学目标
	A24—1 能依自己的需求或兴趣做出选择
	A24—2 能依工作上的规定做出选择
	A24—3 能依社会规约做出选择
	A24—4 能预估选择的后果

检核	教学目标
	A24—5 能为选择的后果负责
	A24—6 能请教别人意见后做出选择

A25 适应改变——当变更例行的工作安排时(如:时间、场地、作业程序、监督者、小组成员等)能尽快地适应,不会有负面的情绪反应(如:发脾气、闹事、退缩、降低品质等)。

检核	教学目标
	A25—1 能在变更工作场所时照常工作,不影响效率
	A25—2 能在变更工作程序时照常工作,不影响效率
	A25—3 能在变更工作内容时照常工作,不影响效率
	A25—4 能在变更工作时间时照常工作,不影响效率
	A25—5 能在变更工作督导员时照常工作,不影响效率
	A25—6 能在变更工作小组成员时照常工作,不影响效率
	A25—7 当所改变的常规对其有不利的影响时,仍能维持工作意愿
	A25—8 当工作常规被改变后,能在最短时间内恢复工作的常态运作

A26 接受批评——能够接受他人(同事或上司)的批评并据以改正自己的错误,不会产生负面情绪(如:大哭、大闹、乱丢东西、破坏物品、沉默、抗议等)。

检核	教学目标
	A26—1 对他人的批评,能不哭闹等
	A26—2 能理解别人所批评的内容
	A26—3 接受批评时,能小心回答
	A26—4 接受批评时,能表示愿意改过
	A26—5 能不依别人的批评影响自我评价
	A26—6 能针对他人合理的批评,设法改善自己
	A26—7 别人批评不合理时,会冷静处理

A27 忍受挫折——当工作失败、不顺利或人际关系上不如意时,不会立即有灰心、沮丧、退缩、闹脾气、攻击等负面反应。

检核	教学目标
	A27—1 当工作失败或不顺利时,仍能保持正常反应
	A27—2 当与同事人际关系上不如意时,仍能保持正常反应
	A27—3 当努力没有获得预期回馈时,仍能保持正常反应
	A27—4 当面临不舒适之情境(如:气候闷热、座椅不适),能表现出克制、忍耐
	A27—5 当挫折加重时(如:累积的、连续的挫折),仍能表现出正常的反应
	A27—6 当身心负担过重时(如:疾病、亲人丧亡等),仍能表现出接近正常的反应
	A27—7 当面临挫折时,能主动地采取各种缓和挫折的措施(如:积极求助、努力解决问题)

A28 克服压力—当在压力下工作时(如:连续加班、赶工等)仍能维持心理平和并保证工作品质,不致因压力而立即发生负面情绪反应(如:低落、失眠、退缩、攻击、冲突等)。

检核	教学目标
	A28—1 在一般较合理的压力情境下工作,能维持心理的平和状态
	A28—2 在一般较合理的压力情境下工作,能维持正常工作质量与进度
	A28—3 在一般较合理的压力情境下工作,能维持生理上的正常机能(如:睡眠、饮食、排泄等)
	A28—4 在自己能力较难胜任的工作压力下,能表现出努力克服的行为反应
	A28—5 在长期持续加班的情况下,仍能努力维持正常运作
	A28—6 在上司斥责的情况下,仍能努力维持正常运作
	A28—7 在对工作速度与质量严格要求的情况下,仍能努力维持正常运作
	A28—8 在其他的工作压力下,仍能努力维持正常运作

> 四、工作质量

A29 工作品质—工作中有维持品质的概念,在过程中能注意及遵守工作程序,随时检核工作成果,以确保工作品质,不会有做了就算数、只求速度不求品质等状况。

检核	教学目标
	A29—1 工作中能有随时检核产品质量的习惯
	A29—2 对于不合格的产品能改善、调整,使其符合需求水平
	A29—3 能尽量遵守规定的作业程序,以确保质量
	A29—4 能完成要求水平之上的产品
	A29—5 可负责品质管控的工作
	A29—6 知道影响该产品质量的关键,做适当的改善

A30 自我评价—在工作前能正确地判断自己可否胜任该项工作,工作后对品质能做实事求是的自我评价。

检核	教学目标
	A30—1 在工作前,能对自己是否能胜任该项工作预作评估,其正确性在70%以上
	A30—2 在工作后,能对作业结果的质量自行评估,其正确性在70%以上
	A30—3 能自动自发地在工作前与工作后,进行自我能力及质量的评估
	A30—4 能自我评价工作能力的优弱势
	A30—5 能在自我评价后发现可改进之处

＞　五、人际关系

A31 独立作业—在工作过程中能够独立完成分内的工作,不会要求他人帮忙或提供非必要的协助,不需要他人提醒、督促或陪伴就能进行工作。

检核	教学目标
	A31—1 能愿意在个别的工作情境下,独立完成可胜任的工作
	A31—2 能在他人必要的提醒下,完成能力可胜任的工作
	A31—3 能在必要时才提出要求协助
	A31—4 被给予特定作业时,能自动自发地依规定操作
	A31—5 在独立工作时,能维持如同有人监督时的效率
	A31—6 在长时间(4小时以上)无人照管、提醒与协助下,可独立完成能胜任的工作
	A31—7 在独立作业情境中,工作效率有明显提升
	A31—8 在极度干扰的情境中,亦能有始有终,独立完成工作

A32 小组合作——与工作伙伴合力完成工作,当伙伴要求配合时,能作立即的回应,合作过程有始有终。

检核	教学目标
	A32—1 能与工作伙伴合力完成工作
	A32—2 当伙伴要求配合时,能立即积极响应
	A32—3 合作过程有始有终
	A32—4 能主动寻求与他人合作完成工作的机会
	A32—5 能适当引导他人合作参与,完成某项工作
	A32—6 遇不良的合作伙伴时,能以宽容的心态继续合作
	A32—7 能适时表现出助人的行为
	A32—8 对新的工作伙伴能表现出合作的态度
	A32—9 能配合伙伴的工作速度
	A32—10 能在小组合作中,提高工作效率与质量

A33 服从上级——对上级的要求(如:工作安排、步骤指导、安全准则等)无论是口头上或行动上均能乐意听从。

检核	教学目标
	A33—1 能遵守上级的合理要求(如:工作安排、步骤指导、安全准则等)
	A33—2 能乐于接受上级提出的问题
	A33—3 能针对上级所提出问题,改正错误
	A33—4 能遵守频繁变动的规定
	A33—5 能尽量配合遵守不合理或对自己不利的规定
	A33—6 对于新任上级,能立即合作、接纳与服从

A34 请求协助——面对工作的困难时,能诚恳、适当地请教工作伙伴或上司,不会任由困难存在,耽搁工作。

检核	教学目标
	A34—1 当工作遇到困难时,能请求他人协助
	A34—2 能以诚恳的态度请求协助
	A34—3 能以适当的方法有效地请求协助
	A34—4 当获得别人协助时,能恰当地表示谢意

领域 B　职业能力

> **一、工作姿势**

B1 站—在工作地点双脚保持直立不移动(不需双手支持)。

检核	教学目标
	B1—1 能持续站着完成工作
	B1—2 能维持站立不动的姿势(在要求的时间内)
	B1—3 能在摇晃的地面站着工作
	B1—4 能在高低不平的地面站着工作

B2 走动—工作时间内以走路或辅助器材协助的方式持续地移动。

检核	教学目标
	B2—1 能持续来回走动工作(平坦地上)
	B2—2 能持续来回走动工作(不平坦地上)
	B2—3 能于走动时避开障碍物(绕过)

B3 跑—以快速的跑步方式持续地移动。

检核	教学目标
	B3—1 能于平坦地面上连续跑
	B3—2 能于不平坦地面上连续跑
	B3—3 跑步时能避开障碍物

B4 跨越—将身体以瞬发力量带离地面的动作。

检核	教学目标
	B4—1 能跨过障碍物
	B4—2 能由一处跨到另一处
	B4—3 能由一处跳到另一处
	B4—4 能跨过移动的物体
	B4—5 能由移动的物体跳到地面

B5 蹲—屈膝并保持平衡的姿势持续一段时间。

检核	教学目标
	B5—1 能持续蹲着工作
	B5—2 能协调地蹲—站
	B5—3 能以蹲姿移动身体

B6 跪—膝盖着地以保持平衡的姿势。

检核	教学目标
	B6—1 能持续跪着工作
	B6—2 能协调地跪—站

B7 坐—以臀部着地（或椅面），不依赖手部协助而能持续保持平衡。

检核	教学目标
	B7—1 能持续坐着工作
	B7—2 能协调地坐—站

B8 爬—借助手掌和双膝在同一平面上交互移动，持续维持身体前进的姿势。

检核	教学目标
	B8—1 能持续爬行工作
	B8—2 能协调地爬—站

B9 躺—以躯干卧于地板上的姿势工作。

检核	教学目标
	B9—1 能以仰躺姿势工作
	B9—2 能协调地躺—站

B10 弯腰—将腰部弯曲，保持工作时需要的姿势。

检核	教学目标
	B10—1 坐着时，能弯腰使手掌垂至膝盖以下工作
	B10—2 站着时，能弯腰使手掌垂至膝盖以下工作
	B10—3 能弯腰持续工作

B11攀登—运用手脚在梯子、楼梯、鹰架、斜坡等地方上下移动。

检核	教学目标
	B11—1 能攀登升30°以下的楼梯或斜坡
	B11—2 能攀登升30°~60°的楼梯或斜坡
	B11—3 能攀登垂直的鹰架或楼梯
	B11—4 能向左、右攀登

B12平衡—在身体静止(如:站立、蹲等)或移动(如:转身、弯腰、跑步、攀爬等)时,能保持身体之稳定。

检核	教学目标
	B12—1 在静止状态能保持身体平衡
	B12—2 在晃动或移动中能保持身体平衡
	B12—3 在意外的状况下能保持平衡

> ## 二、体力负担

B13体力—完成工作所需要的足够生理耐力。

检核	教学目标
	B13—1 能连续坐着工作至完成工作
	B13—2 能连续站着工作至完成工作
	B13—3 能连续蹲着工作至完成工作
	B13—4 能连续走动着工作至完成工作
	B13—5 能连续搬运物品至完成工作

B14举—用手将物体举高或放低。

检核	教学目标
	B14—1 能将10公斤重的物品由地面举至腰部高度
	B14—2 能将10公斤重的物品由腰部高度放至地面
	B14—3 能将5公斤重的物品由腰部高度举至头部
	B14—4 能将5公斤重的物品由头部高度放至腰部
	B14—5 能将5公斤重的物品由地面举至头部高度
	B14—6 能将5公斤重的物品由头部高度放至地面
	B14—7 举高物品时能注意掌握重心,不使洒落

B15 携带—以拿在手中、夹在手臂下,或系于腰部的方式移动物品。

检核	教学目标
	B15—1 能将物品以手提包携带
	B15—2 能将5公斤重的物品夹于手臂下携带
	B15—3 能将5公斤重的物品卡于腰部携带
	B15—4 能以较省力的方式携带物品
	B15—5 能注意所携带物品的重心,不使内容物洒落

B16 推—施力于物体,使其远离施力者或使其朝向某个方向移动。

检核	教学目标
	B16—1 能边走边推10公斤重的物品
	B16—2 能将10公斤重的物品向某方向用力推去
	B16—3 能注意推的力道,不使物品洒落
	B16—4 能将10公斤重的物品推上斜坡

B17 拉—施力于物体使其朝向施力者的方向移动。

检核	教学目标
	B17—1 能拉10公斤重的物品往前或倒退走
	B17—2 能拉住物体使不动
	B17—3 能双手协调交替拉近物品
	B17—4 能双手拉紧,固定物体以稳定自己的身体
	B17—5 能一手拉住一固定物体,另一手操作

B18 背(扛)—指以背部承受重物,将之移至某处。

检核	教学目标
	B18—1 能背起10公斤重的物品
	B18—2 能背着10公斤重的物品半小时
	B18—3 能背着10公斤重的物品走一段距离
	B18—4 能以工具扛10公斤重的物品走50米远
	B18—5 能和别人合力扛20公斤重的物品走一段距离

> **三、上肢活动**

B19 **伸手**—向各方向伸展手臂的动作。

检核	教学目标
	B19—1 能双手伸展自如地取物
	B19—2 能伸手取较高、较远的物品

B20 **握持**—以手指头和手掌的力量固定物品。

检核	教学目标
	B20—1 能双手握持物品,以完成工作
	B20—2 能双手固定物品,以完成工作
	B20—3 能单手握持物品,以完成工作
	B20—4 能单手固定物品,以完成工作
	B20—5 能双手同时各握持不同物品,以完成工作

B21 **扭转**—以手指、手掌和手腕的力量转动物品的动作。

检核	教学目标
	B21—1 能扭转一端固定的物品
	B21—2 能双手合作扭转不固定的物品

B22 **手指拨弄**—以手指头作抓取、挖、捏、扣、按、挤等动作的能力。

检核	教学目标
	B22—1 能以手指抓取小物品
	B22—2 能以手指压按小物品
	B22—3 能以手指挤捏小物品
	B22—4 能以手指挖出小物品
	B22—5 能以手指扣上小物品
	B22—6 能以手指涂抹小物品
	B22—7 能以手指拨数小物品
	B22—8 能以手指搓揉小物品
	B22—9 能以手指嵌塞小物品

续表

检核	教学目标
	B22—10 能以手指旋转小物品
	B22—11 能以手指做其他动作

> ## 四、感官知觉

B23 光线调适—眼睛对于光线强弱变化的反应及调适的能力。

检核	教学目标
	B23—1 眼睛能适应室内外光线的强弱变化
	B23—2 眼睛能在保护措施下适应强烈变化的光线(如:煅烧、焊接等)
	B23—3 在夜间仍能从事室外的工作
	B23—4 能在各种光源下工作(如:日光灯、烛光、手电筒等)

B24 视觉—视力程序(近视、远视、散光、色盲、正常)和视野广度(视野狭窄、正常等)。

检核	教学目标
	B24—1 能注意看工作台面的物品
	B24—2 能注意看工作对象或伙伴的举动
	B24—3 能注意看别人指给他看的物品
	B24—4 能追视目的物
	B24—5 能以目光搜寻目的物
	B24—6 能同时看到3件以上物品
	B24—7 能有至少水平120°视野

B25 形状感—对物体、图形、文字或符号的形状分辨力。

检核	教学目标
	B25—1 能由外形分辨不同物体
	B25—2 能分辨不同图形
	B25—3 能分辨不同文字
	B25—4 能分辨不同符号
	B25—5 能分辨相似的物体

B26大小辨别—对物体或图形的大小的分辨能力。

检核	教学目标
	B26—1 能分辨不同大小的物品
	B26—2 能分辨不同大小的平面图形
	B26—3 能分辨大小相似的平面图形

B27色彩辨别—对物体色彩的分辨力。

检核	教学目标
	B27—1 能分辨不同色系的物品
	B27—2 能分辨相同色系的物品
	B27—3 能分辨不同配色的物品(如:黄配红或黄配蓝)

B28空间知觉—对空间距离的判断与空间关系的辨认。

检核	教学目标
	B28—1 能分辨在自己上下的位置
	B28—2 能分辨在自己前后的位置
	B28—3 能分辨在自己左右的位置
	B28—4 能说出一个物品所在的空间位置(上下)
	B28—5 能说出一个物品所在的空间位置(前后)
	B28—6 能说出一个物品所在的空间位置(旁边)
	B28—7 能说出一个物品所在的空间位置(左右)
	B28—8 能依上下、左右、前后、中间等关系仿排出物型

B29触觉—以皮肤的感觉来分辨物体的大小、形状、质料及温度的不同。

检核	教学目标
	B29—1 能以触觉分辨大小
	B29—2 能以触觉分辨形状
	B29—3 能以触觉分辨质料
	B29—4 能以触觉分辨温度
	B29—5 能以触觉分辨某记号
	B29—6 能找出和样本同样触感的物品

B30 听辨力—辨别声音大小、高低、强弱的能力。

检核	教学目标
	B30—1 能分辨声音的大小
	B30—2 能分辨声音的高低
	B30—3 能分辨声音的强弱
	B30—4 能分辨声音的有无
	B30—5 能分辨声音的特点
	B30—6 能分辨声音的来源
	B30—7 能自背景声音中听出特定的声音
	B30—8 能依声音辨别工作的效果

B31 听力—察觉声音，以耳接收声音信息的能力。

检核	教学目标
	B31—1 能听见特定的声响
	B31—2 能听见日常会话
	B31—3 能听见日常广播
	B31—4 能听见细微的声音

B32 嗅味觉—用舌头或鼻子分辨物体味道或气味（如：盐、糖、柠檬汁、香水等）的异同。

检核	教学目标
	B32—1 能以嗅觉分辨气味的有无
	B32—2 能以嗅觉分辨酸腐味
	B32—3 能以嗅觉分辨香、臭味
	B32—4 能以嗅觉分辨危险气味，如：电线烧焦、瓦斯漏气
	B32—5 能以味觉辨别酸腐味、苦味、辣味、甜味
	B32—6 能比较味道的浓淡

> **五、协调能力**

B33 手眼协调—视觉与手部（单手、双手）协调操作的能力（如：穿珠子、搬动物品等）。

检核	教学目标
	B33—1 能手眼协调地挪动物品
	B33—2 能手眼协调地组合物品
	B33—3 能手眼协调地穿串物品
	B33—4 能手眼协调地扭转物品
	B33—5 能手眼协调地捆绑物品
	B33—6 能手眼协调地剪贴物品
	B33—7 能手眼协调地折叠物品
	B33—8 能手眼协调地撕扯物品
	B33—9 能手眼协调地洗刷物品
	B33—10 能手眼协调地倾倒物品
	B33—11 能手眼协调地处理其他工作(如:吊挂、粉刷、修剪、熨烫等)

B34 手脚协调—手(单手、双手)与脚(单脚、双脚)同时协调运动的能力。

检核	教学目标
	B34—1 能手脚协调地走动
	B34—2 能手脚协调地爬行
	B34—3 能手脚协调地操作机器(如:装卸机、打气机等)
	B34—4 能手脚协调地边走边操作(如:手推车、吸尘器、打蜡机等)

B35 手眼脚协调—视觉与手部操作(单手、双手)及脚部运动(单脚、双脚)同时配合的能力。

检核	教学目标
	B35—1 能手眼脚协调地攀爬
	B35—2 能手眼脚协调地徒手工作(如:搬货等)
	B35—3 能手眼脚协调地操作机器(如:缝纫机、自行车等)
	B35—4 能手眼脚协调地操作工具(如:扫帚、畚箕、拖把等)
	B35—5 能手眼脚协调地工作,用力适当

> **六、沟通能力**

B36 记住指示—记忆他人口述的指示，并能正确复诵或完成。

检核	教学目标
	B36—1 能记住物品或工具名称
	B36—2 能记住操作动作的命令
	B36—3 能依指示拿放物品
	B36—4 能依指示收拾物品
	B36—5 能依指示操作物品
	B36—6 能依指示检查物品
	B36—7 能依指示清点物品
	B36—8 能依指示遵守相关规定
	B36—9 能遵守电话中的指示
	B36—10 能遵守广播中的指示
	B36—11 能记住交待事项二项以上

B37 口语沟通—能利用口语与他人作双向沟通，包括日常交谈、电话交谈、专有名词的理解与使用等。

检核	教学目标
	B37—1 能向别人提出要求
	B37—2 能向别人提出问题
	B37—3 能响应别人问题
	B37—4 能转达讯息
	B37—5 能叙述事情的概要
	B37—6 能说明工作内容或方法
	B37—7 能在电话中与人沟通
	B37—8 能发出危险信号
	B37—9 能使用社交用语

B38职业词汇—以工作环境中所使用的职业词汇(专门术语)与人沟通。

检核	教学目标
	B38—1 能使用职业词汇(名词)
	B38—2 能使用职业词汇(动词)
	B38—3 能使用职业词汇(形容词＋名词)
	B38—4 能使用职业词汇(副词＋动词)
	B38—5 能使用其他职业词汇

B39阅读—依工作需要辨认书面资料(如:标签、电子零件配置图),并能做出正确反应。

检核	教学目标
	B39—1 能指认物品的照片
	B39—2 能指认物品的图片
	B39—3 能指认物品的文字
	B39—4 能依机器上的简易文字操作
	B39—5 能依简单书面工作指示工作
	B39—6 能依简单的配置图标组合工作
	B39—7 能认得常用表格上的栏目
	B39—8 能认得布告、通知单上的关键词
	B39—9 能认得危险的警告文字
	B39—10 能指认数字(阿拉伯数字与大写数字)
	B39—11 能理解简单的图表
	B39—12 能理解常见的艺术字
	B39—13 能理解特定的图形、记号

B40书写—用笔记录信息并表达意思。

检核	教学目标
	B40—1 能在工作表格上做记号
	B40—2 能填写工作数量
	B40—3 能在格式化的文件上填写正确的信息
	B40—4 能做备忘的记号或记录
	B40—5 能依别人口述做简单记录

B41填表—书写求职信函、履历表、工作记录等书面资料。

检核	教学目标
	B41—1 能抄写别人代拟的求职表件
	B41—2 能填写求职表格上的个人数据
	B41—3 填写求职表格上的个人专长、兴趣
	B41—4 能叙写自传式的求职文件

> 七、工具与材料使用

B42机械操作维护—在工作场所中，对机械进行操作与简单维护、保养（如：加油、擦拭、清洁等维护程序）的能力。

检核	教学目标
	B42—1 能安全地开关机械
	B42—2 工作前会简要地检查机械
	B42—3 能正确利用机械进行简单组合、包装或清洁等工作
	B42—4 能正确利用机械进行搬运工作
	B42—5 能于工作后妥善收拾机械
	B42—6 能为机械上油
	B42—7 能为机械做清洁工作
	B42—8 能为机械做保养工作

B43手工具—对手工具（如：螺丝起子、剪刀、铲子、扳手等）有正确使用与简单维护、保养的能力。

检核	教学目标
	B43—1 能借手工具打开物品
	B43—2 能借手工具舀取物品
	B43—3 能借手工具夹取物品
	B43—4 能借手工具栓紧或旋开物品
	B43—5 能借手工具剪开物品
	B43—6 能借手工具敲打物品
	B43—7 能借手工具削切物品
	B43—8 能借手工具洗刷物品
	B43—9 能借手工具涂抹物品

检核	教学目标
	B43—10 能使用其他手工具工作
	B43—11 使用后能妥善收存手工具

B44 长柄工具——对握柄加长的手工具(如:锄头、铁锹、长柄铁锤等)有正确使用与简单维护、保养的能力。

检核	教学目标
	B44—1 能使用长柄工具抓取物品
	B44—2 能使用长柄工具挖掘物品
	B44—3 能使用长柄工具铲除物品
	B44—4 能使用长柄工具锤打物品
	B44—5 能使用长柄工具打捞物品
	B44—6 能使用长柄工具清扫物品
	B44—7 能使用其他长柄工具
	B44—8 使用长柄工具后能妥善收存

B45 电动手工具——对需要利用电力启动的手工具(如:电钻、电吹风机、电熨斗等)有正确使用与简单维护、保养的能力。

检核	教学目标
	B45—1 能安全开关电动手工具
	B45—2 能以电动手工具对准目标工作
	B45—3 能以电动手工具钻孔
	B45—4 能以电动手工具开启物品
	B45—5 能以电动手工具组合物品
	B45—6 能以电动手工具切割物品
	B45—7 能以电动手工具搅拌物品
	B45—8 能使用其他电动手工具
	B45—9 使用电动手工具后能妥善收拾

B46 技术性工具——对因工作性质需要使用的特定工具(需经训练之后方能使用工具,如:钩针、焊枪、电表等)操作与简单维护、保养的能力。

检核	教学目标
	B46—1 能使用手工艺品的工具
	B46—2 能使用特殊清扫用具(如:洗地机等)
	B46—3 能使用特殊加工用具
	B46—4 能使用特殊烹饪用具
	B46—5 能使用计算机及周边用具
	B46—6 能使用检验用具
	B46—7 能使用其他特殊用具
	B46—8 使用技术性工具后能妥善收存

B47 测量工具—对可计量或估测长短、大小、宽窄、轻重的仪表器具(如:尺、磅秤等)有使用与维护的能力。

检核	教学目标
	B47—1 能使用工具测量长度、高度
	B47—2 能使用工具测量重量
	B47—3 能使用工具测量温度
	B47—4 能使用工具测量时间
	B47—5 能使用工具测量数量
	B47—6 能使用工具测量次数
	B47—7 使用测量工具后,能妥善收存

B48 材料使用—正确使用工作中所需材料的能力。

检核	教学目标
	B48—1 能正确使用工作中所需的大件材料
	B48—2 能正确使用工作中所需的小件材料
	B48—3 能正确使用工作中所需的易碎材料
	B48—4 能正确使用工作中所需的危险材料
	B48—5 能妥善收存未完成的材料
	B48—6 能节约使用材料
	B48—7 能预估大约需用多少材料
	B48—8 能自行补充材料
	B48—9 能通知别人补充材料

> 八、计算能力

B49基本计算—因工作需要所必须具备的简单计算能力。

检核	教学目标
	B49—1 会计算工作的数量
	B49—2 会计算几个数量之和（用计算器）
	B49—3 会计算几个数量之差（用计算器）
	B49—4 会比较两个数的大小
	B49—5 会重新核算（看着数据）

B50重量体积容积—因工作需要所具备的简单的重量、体积、容积等的测量能力。

检核	教学目标
	B50—1 能直接比较二物的重量
	B50—2 能直接比较二物的体积
	B50—3 能直接比较二物的容积
	B50—4 能以工具比较二物的重量
	B50—5 能以工具比较二物的体积
	B50—6 能以工具比较二物的容积
	B50—7 能报告测量的结果

B51大小与长短测量—能对物体的大小、长短做基本简单的估量，或利用测量工具（如：量尺）做较为精确的测量。

检核	教学目标
	B51—1 能直接比较二物的大小
	B51—2 能直接比较二物的长短
	B51—3 能以工具比较二物的大小
	B51—4 能以工具比较二物的长短
	B51—5 能报告（登记）测量的结果

B52时间测量—能对时间的先后、长短做基本的估量，或利用钟表等计时工具做较为精确的测量。

检核	教学目标
	B52—1 能估量时间的先后、长短
	B52—2 能估量几个重要的时间
	B52—3 能看钟表算出花了多少时间
	B52—4 能看钟表算出还有多少时间
	B52—5 能记住几个重要日期
	B52—6 能看日历计算日期
	B52—7 能记住上班及放假日期
	B52—8 能使用定时器

> **九、工作程序**

B53 反复动作—对于同一个动作可以反复一段相当时间。

检核	教学目标
	B53—1 能自己反复1~2个动作完成工作
	B53—2 能与同伴配合,反复1~2个动作完成工作

B54 固定顺序—能将工作依一定的程序来执行。

检核	教学目标
	B54—1 能依固定顺序完成几个相关的工作
	B54—2 能依固定顺序完成几个不相关的工作

B55 变动与自主—对于工作程序的先后,可以视当时情境(需要),自行决定做必要的变动与安排。

检核	教学目标
	B55—1 能自行完成没有固定顺序的工作
	B55—2 能依情境的变化改变工作顺序
	B55—3 能适应经常变动程序的工作

B56 速度适应—可以配合工作速度的要求。

检核	教学目标
	B56—1 能在工作中配合别人的速度
	B56—2 能在一定时间内完成一定的工作量
	B56—3 能适应一般输送带的速度
	B56—4 能逐步提高自己的工作速度

B57组织工作的能力—可以自行判断状况,将工作程序加以组织,以提高工作效率。

检核	教学目标
	B57—1 会计划自己的工作程序
	B57—2 会计划与同事合作的工作程序
	B57—3 能安排最经济的步骤完成工作

> 十、安全应变

B58维持安全—能在工作场所中维护自己及他人的安全。

检核	教学目标
	B58—1 当工作任务改变时,能很快适应
	B58—2 当身体不适时,会向主管报告
	B58—3 当原料或工具出差错时,会及时报告
	B58—4 当同事有异样时,会及时扶助
	B58—5 会发现工作情境中场地或设备上之变化,而采取行动
	B58—6 会发现工作情境中工作内容或顺序之变化,而采取行动
	B58—7 会发现工作情境中人的变化,而采取行动

B59应变—对于意料之外的人、事、物能做出适当的应对措施。

检核	教学目标
	B59—1 能依工作需要,自行取用材料
	B59—2 能依工作需要,自行取用工具
	B59—3 能依工作需要,自行决定工作方法
	B59—4 能依工作需要,自行决定工作时间
	B59—5 能依工作需要做其他决定

B60 做决定—可视情况的需要自行决定工作时的材料、工具、方法、程序等与工作有关事项。

检核	教学目标
	B60—1 能辨别并小心处理危险物品
	B60—2 能辨别并小心避开危险情境
	B60—3 能辨别危险标志
	B60—4 能遵守安全程序
	B60—5 能安全用火、用电等
	B60—6 危险发生时会求救
	B60—7 危险时会逃生
	B60—8 会注意居家安全
	B60—9 会预估自己行为的危险后果
	B60—10 会避免摔、滑
	B60—11 会避免不当叠高物品
	B60—12 会避免由高处掉落物品
	B60—13 会依规定佩戴安全用具（如：头盔、口罩等）

> **十一、工作环境**

B61 场所—在建筑物内、外或特殊工作场所工作的能力。

检核	教学目标
	B61—1 能在室内工作
	B61—2 能在室外工作
	B61—3 能在大空间工作
	B61—4 能在小空间工作

B62 照明—在光线明暗或强弱不同的环境中工作的能力。

检核	教学目标
	B62—1 能在昏暗的工作环境中工作
	B62—2 能在刺眼的工作环境中工作
	B62—3 能在闪烁灯光的工作环境中工作
	B62—4 能适应工作过程中光线的变化

B63 空气——在不同空气品质的环境中工作的能力（提供防护）。

检核	教学目标
	B63—1 能克服工作环境中的气压
	B63—2 能克服工作环境中的通风问题
	B63—3 能克服工作环境中的烟雾
	B63—4 能克服工作环境中的灰尘
	B63—5 能克服工作环境中的气味
	B63—6 能克服工作环境中的过敏原

B64 声响——在不同噪声与震动程序的环境中工作的能力。

检核	教学目标
	B64—1 能在有背景声音的环境中工作
	B64—2 能在有轻微噪声的环境中工作
	B64—3 能在有较大噪声的环境中工作
	B64—4 能在完全安静的环境中工作

B65 温湿度——能在不同气温与干湿程度的环境中工作的能力。

检核	教学目标
	B65—1 能在低温环境中工作
	B65—2 能在高温环境中工作
	B65—3 能在潮湿环境中工作
	B65—4 能在干燥环境中工作

B66 危险性——在危险程度不同的环境中工作的能力（提供防护）。

检核	教学目标
	B66—1 能在有较多障碍的环境中工作
	B66—2 能适应工作中较危险的动作（如：攀爬等）
	B66—3 能辨识具危险性的工具
	B66—4 能辨识具危险性的材料
	B66—5 能在不需监护的情境下工作
	B66—6 能在不需特别防护的环境中工作

B67 防护装备—在需要不同程度安全防护装备的环境中工作的能力。

检核	教学目标
	B67—1 能使用预防危险的衣着（如：头盔、手套、护膝、护目镜、探照灯、消防衣、救生衣、口罩等）
	B67—2 能使用预防危险的设备（如：绝缘棒、安全裁刀等）
	B67—3 能使用抢救危险的设备（如：灭火器、救生圈等）
	B67—4 能使用逃生设备（如：救生梯等）

B68 职业伤害—具有避免职业伤害或职业病的能力。

检核	教学目标
	B68—1 能避免维持同一姿势过久
	B68—2 能避免用力不当
	B68—3 能避免视力受损
	B68—4 能避免听力受损
	B68—5 能避免呼吸道受损
	B68—6 能避免肠胃道受损
	B68—7 能避免脑神经受损
	B68—8 能避免疲劳操作
	B68—9 能定期做职业伤害的体检

领域 C　独立生活技能

> **一、家庭维护**

C1 烹饪——能依个人的喜好、营养及经济能力等因素,准备烹饪所需的食物。

检核	教学目标
	C1—1 会准备不需烹调的食品当点心(如:面点、水果、卤味)
	C1—2 会冲泡方便面
	C1—3 会使用电饭锅蒸热半成品
	C1—4 会使用电饭锅蒸熟食品
	C1—5 会使用气炉的代用品(如:微波炉、烤箱等)
	C1—6 会煮汤类食品
	C1—7 会炒小菜
	C1—8 会炸食品
	C1—9 会依营养均衡准备三餐
	C1—10 会依经济条件准备三餐

C2 家居维护——能依适当的方法与工具有效地维护家居环境与设备。

检核	教学目标
	C2—1 会擦拭家庭用品(如:桌、椅、柜、门、窗等),并保持干净
	C2—2 会使用扫帚、拖把保持地板、走道等干净
	C2—3 会洗涤家用餐、饮具(如:碗、盘、筷子、茶杯等)
	C2—4 会收拾、整理居家环境(如:客厅、卧室、浴室等)
	C2—5 会按要求(如:装垃圾袋、垃圾分类等)正确处理垃圾
	C2—6 会保存、维持清洁工具
	C2—7 会爱惜、维修家具
	C2—8 会爱惜、整理小家电

C3家居安全—在家居生活中能正确、有效地维护个人与环境的安全。

检核	教学目标
	C3—1 会安全使用家用电器(如:电视、冰箱、洗衣机、空调、微波炉等)
	C3—2 会安全用气(如:天然气灶、煤气罐灶、热水器等)
	C3—3 会安全用火(如:蜡烛、打火机、火柴等)
	C3—4 会安全使用家庭空间(如:阳台防坠物、抹擦窗户防坠落、取高处物品防跌倒等)
	C3—5 会安全使用并放置家用药物及化学物品(如:内服药与外用药的区分,清洁剂、除污剂、杀虫剂、汽油、酒精等的妥善放置和使用等)
	C3—6 会安全使用家用锐器(如:菜刀、水果刀、剪子、螺丝起子等)
	C3—7 会维护家庭治安(如:对待陌生人、外出关锁门窗等)
	C3—8 会应对偶发事件和灾害

> **二、金钱管理**

C4收入计算—能了解个人收入的计算方法做正确的核算。

检核	教学目标
	C4—1 会基本的金钱计算(如:心算、笔算、珠算、使用计算器等)
	C4—2 会核算自己的工作量及工资
	C4—3 会核算自己基本日薪、月薪
	C4—4 会核算自己的附加费和扣除费用(如:加班费、奖金、补贴、病事假费等)
	C4—5 会核算自己一月实际收入总额
	C4—6 会申领正确数量的钱
	C4—7 自营者会核算营利、成本、开销
	C4—8 自营者会核算总收入
	C4—9 自营者会核算个人所得
	C4—10 会简单记账

C5预算与支出—能依个人收入状况做适当的支出预算,使收支平衡或有结余。

检核	教学目标
	C5—1 能节约不浪费金钱(只买生活所需用品)
	C5—2 会在较固定收入情况下,按生活缓急程度,做支出预算,达成收支平衡
	C5—3 会在满足基本生活所需状况下,有所结余
	C5—4 会在较不稳定的收入状态下,做支出预算达成收支平衡
	C5—5 会在较不稳定的收入状态下做预算,并有结余
	C5—6 会形成预算、支出计划

C6借贷—需借贷时,能依个人的偿还能力,向他人或机关借贷,防止被诈骗。

检核	教学目标
	C6—1 了解借贷的功能
	C6—2 会估计自己的偿还能力,确定借贷数额
	C6—3 会按一定原则(利息计算、诚信度)向熟人、亲友借贷
	C6—4 会按一定原则(利息计算、诚信度)向金融机构依法借贷
	C6—5 会如约偿还借贷
	C6—6 会完成借贷手续
	C6—7 不在别人引诱下任意借贷签字

C7储蓄—能依个人经济条件,选择合适的储蓄方式,并养成储蓄的习惯。

检核	教学目标
	C7—1 能了解储蓄的功能、方法、特点
	C7—2 能固定储蓄一部分钱
	C7—3 能妥善存钱于家中
	C7—4 能妥善存钱于熟人处
	C7—5 能利用金融机构储蓄
	C7—6 能保存各种单据、用品
	C7—7 能做投资性储蓄(如:买保险、金饰等)
	C7—8 能处理储蓄中的特殊情况(如:挂失、转存等)

C8 纳税与缴费—能依法律规定,办理应行缴交税款的手续。

检核	教学目标
	C8—1 能了解国家制定的纳税法规及生活常见的费用(如:物管、水电气费等)
	C8—2 能计算自己应纳税额与其他费用
	C8—3 能依规定办好缴费手续
	C8—4 购物时会要收据、发票
	C8—5 会保存税单、各种收据
	C8—6 根据优惠政策合理纳税

> ### 三、卫生保健

C9 盥洗与整饰—能自行完成盥洗与整饰。

检核	教学目标
	C9—1 会自己完成基本的盥洗与整饰(如:洗脸、刷牙、梳头、衣襟整理、佩戴饰物等)
	C9—2 会保持个人身体的干净、整齐
	C9—3 会保持个人衣着的干净、整齐
	C9—4 会经常整理服饰、检查仪容
	C9—5 会选择并使用有利于自己的清洁用品及保养品(如:牙膏、牙刷、洗面奶、护肤品等)
	C9—6 会综合各种因素修饰自己(如:喜好、年龄、身材、肤色、职业、场合等)

C10 身心保健—能以适当可行的方式保持身心健康。

检核	教学目标
	C10—1 具身心保健基本常识
	C10—2 能主动注意身心健康
	C10—3 会在日常生活中实行保健(如:营养、卫生、运动、休闲、有规律的日常生活、无不良生活习惯等)
	C10—4 会在日常生活中实行心理保健(如:乐观、开朗、真诚、乐于与人交流等)
	C10—5 会避免感染疾病

检核	教学目标
	C10—6 会避免身体器官受伤
	C10—7 能有适当的性行为

C11疾病医药—能自行就医,并遵医嘱用药与保养以恢复健康。

检核	教学目标
	C11—1 会主动到医院做定期体检
	C11—2 会依具体情况采取常用的疾病防治措施(如:增减衣服,流行疾病时服用预防药、打预防针、外出自备餐具或消毒物品等)
	C11—3 会自己处理常见小伤小病(如:手割破了涂碘酒、感冒服感冒药等)
	C11—4 会辨别疾病的轻重、缓急,而选择医院(如:一般简单疾病到社区医院、较复杂或严重疾病去大医院)
	C11—5 会完成就医手续(如:会叙述病情、配合检查、了解医院的安全提示)
	C11—6 会遵从医师指示用药和保健
	C11—7 会依病情采用中西医诊疗

> 四、休闲生活

C12休闲资源—能适当地使用室内休闲资源及户外休闲资源。

检核	教学目标
	C12—1 会辨识室内休闲资源(如:电视机、收录机、棋、牌、图书、乐器等)
	C12—2 会辨识室外休闲资源(如:电影院、公园、游乐场、茶馆等)
	C12—3 会操作、使用休闲资源(如:会打牌、下棋、听音乐、弹奏乐器等)
	C12—4 会根据自己的需要,选择休闲资源(如:自己的时间、兴趣、心情等)
	C12—5 会按相关常规使用休闲资源(如:爱护资源、注意安全、遵守规则等)

C13社区活动—能积极参与社区性或团体的休闲活动。

检核	教学目标
	C13—1 具参与小区休闲活动的兴趣和主动性
	C13—2 会注意小区活动的消息

续表

检核	教学目标
	C13—3 会依自己的需要(如:身体状况、兴趣、人际关系、空间距离等)选取小区休闲活动种类
	C13—4 具参与小区休闲活动的能力(如:唱歌、跳舞、球类运动、气功、太极拳等)
	C13—5 会鼓励他人参与小区休闲活动(如:介绍熟人或朋友参加合唱团等)
	C13—6 会组织小区休闲活动(如:组建小区球队、成立文娱表演队等)

C14 安排活动—能依天气、地点、参与者年龄、节令、费用等因素来计划短时间或假日的活动。

检核	教学目标
	C14—1 会做自我休闲活动的计划(如:考虑自我年龄、费用,顾及天气、节令、地点等因素)
	C14—2 会做家庭休闲活动计划
	C14—3 会协助主办人做群体休闲活动计划
	C14—4 会主持团体休闲活动计划的拟订

C15 旅行—能做好旅行前的准备,并能在旅行中注意个人安全、财物保管等问题。

检核	教学目标
	C15—1 具胜任旅行的体力
	C15—2 会使用地图、交通图(纸本或网络版)
	C15—3 会利用通讯设施联系并获得咨询服务
	C15—4 会使用交通设施及常用交通工具(如:到车站看时刻表、站牌,问询、购票,搭汽车、轮船、飞机等)
	C15—5 会做旅行计划(如:确定目的地、旅行线路、经费预算、时间安排等)
	C15—6 会做旅行准备(如:准备经费、证件、必备物品,并联系食宿等)
	C15—7 会进行一日旅游
	C15—8 会进行多日的旅游
	C15—9 会参加旅游团
	C15—10 会处理旅游中遇到的困难

> **五、购物消费**

C16购物场所—能自行前往适当的商店购买所需的物品。

检核	教学目标
	C16—1 能在他人帮助下到指定的购物处
	C16—2 能在熟悉的商店中购买指定的小物品
	C16—3 能到指定的商店购买回指定的小物品
	C16—4 能在附近的小商店购买个人所需日常生活用品
	C16—5 能在小区内小型商店购买家庭生活所需日常用品
	C16—6 能在小区内不同类型的小商店中购买相应的物品
	C16—7 能在传统的综合市场内购买日常生活用品
	C16—8 能在超市购买小批量的日常生活用品
	C16—9 能利用新型购物方式购物(如:网上购物、电视购物等)

C17选购物品—能根据购物要点确实选购所需的物品。

检核	教学目标
	C17—1 能够从同一物品的不同品牌中,确定自己想要的物品
	C17—2 能够根据新鲜卫生的标准选购物品
	C17—3 能各从质量和价格两个方面选择恰当的物品
	C17—4 能够根据自己的经济能力选择经济实惠、物美价廉的物品

C18购物手续—能依照完整的购物手续购买到所需物品。

检核	教学目标
	C18—1 能够付出等额款项
	C18—2 能够付款并知道是否有(小额)找补
	C18—3 能够小批量按折扣付款
	C18—4 能够以其他方式付款(如:记账、刷卡或预付结算等)
	C18—5 能够在超市、百货公司等大型商场的促销活动中,按优惠方式付款(如:打折、兑奖等)
	C18—6 能有计划安排,购买中、大型生活用品,并了解售后服务方式或处理索赔等问题
	C18—7 能以各种预定或紧跟时代的购买方式,购买生活用品

> **六、社交能力**

C19家居礼仪—在家居生活中，能自动表现出适当的礼节。

检核	教学目标
	C19—1 能在居家生活中衣着得体(如:不穿内衣内裤走出寝室,穿戴整洁出门等)
	C19—2 与长辈说话能有分寸
	C19—3 能孝敬长辈,帮助老人
	C19—4 能有基本的就餐礼仪
	C19—5 能在家人休息时保持安静
	C19—6 能有礼貌地待客
	C19—7 能顾及家人的感觉和需求
	C19—8 能向家人报告自己的行踪
	C19—9 能维持家人的和睦相处

C20睦邻—和邻里亲朋来往时,能主动表现出友善的举止。

检核	教学目标
	C20—1 能主动地问候邻居
	C20—2 能尊老爱幼
	C20—3 能与邻里、同侪平等友好地交往
	C20—4 能求助并表示相应地感谢
	C20—5 能在他人需要时提供适当的帮助
	C20—6 能礼貌地拒绝
	C20—7 能保持安静,不妨碍他人休息或工作
	C20—8 宽裕时,会馈赠邻居
	C20—9 发现附近有可疑人物时会特别注意

C21社交礼仪—在社交场所中能主动表现出适当的礼节。

检核	教学目标
	C21—1 能礼貌地在别人家做客
	C21—2 能礼貌地探视病人
	C21—3 能够与人预约并守约
	C21—4 能在与陌生人交往时保持应有的礼仪和分寸
	C21—5 能够礼貌地参与婚丧喜庆等重要社交活动
	C21—6 在公共场所会注意自己言行
	C21—7 在与人交谈时有礼貌
	C21—8 在与人同行时有礼貌
	C21—9 在与人同座时有礼貌
	C21—10 在与人同车时有礼貌
	C21—11 在与人同餐时有礼貌
	C21—12 和别人接受物品时能有礼貌

> ## 七、行动能力

C22独自行动—在社区生活中能独自外出、行走自如、安全返家,注意交通安全、了解路线及迷路时能求助他人。

检核	教学目标
	C22—1 能在熟悉的小区内安全步行外出并回家
	C22—2 能在交通复杂的小区中,安全步行外出并回家(如:辨别交通标志、知道交通规则,安全回家等)
	C22—3 能利用公共交通工具(如:公共汽车、地铁等)安全外出并返回
	C22—4 能在必要的时候,利用出租车外出并返回
	C22—5 会向别人问答
	C22—6 在迷路时,能向他人求助、安全返家

> ## 八、公民意识

C23公民权利义务—能了解并参与公民权利及义务相关的活动。

检核	教学目标
	C23—1 能参加本小区的选举活动或提出意见
	C23—2 能了解公民权利义务的相应法规和基础知识(如:纳税、个人财产权等)
	C23—3 能缴纳与本人相关的税金
	C23—4 能参与本小区的公益性劳动和活动(如:植树、维持环境卫生等)
	C23—5 能参加小区相关的教育活动和培训
	C23—6 能保管、使用身份证件
	C23—7 能收看新闻节目、了解国家大事
	C23—8 能利用相关的咨询渠道维护权益与履行义务

C24 法律常识—能了解并遵守基本法律及常见的规约。

检核	教学目标
	C24—1 能正确地分辨守法与违法的行为
	C24—2 能遵守所在学校或单位的各项规章制度
	C24—3 能遵守本小区的有关规定和条例
	C24—4 能利用消费者权益法维护自己的合法权益
	C24—5 能了解就业法规的基础知识,并运用在实际生活中
	C24—6 能了解劳动法,并结合自己的实际状况加以运用

C25 地方意识—能认识自己所在社区的地理环境、风土人情,并表现出对自己社区的关爱之情。

检核	教学目标
	C25—1 能认识所在社区的地理环境(如:所在地的名称、所属地区等)
	C25—2 能知道所住社区风土人情
	C25—3 能了解本社区独特的文化或节庆活动
	C25—4 能知道本社区的土特产或代表产品
	C25—5 能参加爱护社区的环境保护活动
	C25—6 能参加社区内的公益活动或义务劳动等

C26地方资源—能依需要正确地使用社区中有关的国家机关及公共设施。

检核	教学目标
	C26—1 能利用社区内的公共厕所、公用电话
	C26—2 能利用社区内的公共交通工具
	C26—3 能到社区内的公共场所休闲
	C26—4 能到邮局寄信或办理邮寄事务
	C26—5 能了解如何到医院看病
	C26—6 能了解政府的各个职能部门的工作和责任
	C26—7 能利用与自己日常生活关系密切的各种国家机关

> ## 九、时间意识

C27时间观念—能够正确地识读、使用钟表及日历并具有基本的时间概念。

检核	教学目标
	C27—1 能使用钟
	C27—2 能使用表
	C27—3 能使用日历
	C27—4 能使用月历
	C27—5 能使用行事历

C28时间安排—能依工作特性、作息习惯等因素,妥善安排个人生活计划。

检核	教学目标
	C28—1 能安排一天的生活计划
	C28—2 能安排一周的生活计划
	C28—3 能安排一月的生活计划
	C28—4 能安排较长期的生活计划
	C28—5 能遵守订好的作息

> ## 十、人身安全

C29社区安全—在社区生活中能有效地维护个人的安全。

检核	教学目标
	C29—1 能避免在不安全的时段外出
	C29—2 能绕开不安全的地方行走(如:建筑工地、危险地段等)
	C29—3 能做到不与陌生人外出
	C29—4 能在安全受到威胁时,及时呼救
	C29—5 能在安全受到威胁时,向恰当的人求助
	C29—6 能在安全受到威胁时,奋力逃脱,并打报警电话

C30自然灾害—对于自然灾害能有正确的认识,并妥善地作事前防范与灾后处理。

检核	教学目标
	C30—1 能知道如何防范水灾
	C30—2 能知道在遇到水灾时应采取的基本措施
	C30—3 能知道如何防范火灾
	C30—4 能知道在遇到火灾时应采取的基本措施
	C30—5 能知道如何防范台风
	C30—6 能知道在遇到台风时应采取的基本措施
	C30—7 能知道如何防范地震
	C30—8 能知道在遇到地震时应采取的基本措施

第四部分

心智障碍青年职业教育课程　评量表

个案姓名:_____ 性别:_____ 出生日期:_____年_____月_____日

第一次评量:_____年_____月_____日 评量者:_____ 颜色:_____

第二次评量:_____年_____月_____日 评量者:_____ 颜色:_____

第三次评量:_____年_____月_____日 评量者:_____ 颜色:_____

第四次评量:_____年_____月_____日 评量者:_____ 颜色:_____

领域 A　工作人格　□□□□

注意:凡无工作意愿或未提供任何工作经验者,以0分计算。

> **一、工作常规**　□□□□

A1出席　□□□□

工作出勤认真,除非有事情请假获准,否则不轻易缺席;有事不能工作时,会立即设法告知。

1　具有下列行为之一者:

　　a.经常未请假无故缺席。

　　b.经常请假(非必要的)。

　　c.在加班的非常情况下,缺席率增高。

　　d.需要一再地提醒才能正常出席。

2　凡合乎下列所有行为者:

　　a.出勤认真,不轻易缺席。

b.有事会事先请假,获准后始缺席。

c.即使临时有事,亦会设法告知。

3 通过2的标准外,并具下列行为之一者:

a.经常保持全勤记录。

b.即使在加班的非常情况下,亦很少缺席。

A2 准时 　　　　□□□□

每天在规定的时间内准时上下班,工作中休息(如:喝茶、如厕、午休)后,均能依规定准时返回工作岗位。

1 具有下列行为之一者:

a.经常迟到早退。

b.中途休息,容易延误时间回到工作场所。

c.工作中表现拖拖拉拉、延误时效。

d.与人约定时间,经常失约、误点(偶发不计)。

e.需要一再提醒,才能准时。

2 凡合乎下列所有行为者:

a.每天依规定的时间上下班,不迟到早退(偶发者不计)。

b.工作中休息后,能准时返回工作岗位。

c.不会有中途开溜的情况。

d.与人约定的时间能准时赴约,极少失约误时。

3 通过2的标准外,并具下列行为之一者:

a.限时性的工作,如定时交货均能准时依约完成(超过能力的工作不计)。

b.即使临时约定的时间(如:临时加班)亦能依时进行。

c.对于时间的安排特别显出用心(如:提前准备、认真完成等)。

A3 有始有终 　　　　□□□□

对于交付的工作命令能努力完成,不会中途退缩、放弃不做、虎头蛇尾等。

1 具有下列行为之一者:

a.经常中途退缩、有始无终。

b.托付的事情经常无法完成(非能力因素)。

c.需要再三提醒鼓励,才能勉强完成工作。

d.工作中稍遇困难即退缩作罢。

2　凡合乎下列所有行为者：

　　a.对所交付的事情有始有终,努力完成。

　　b.如遇状况无法达成,亦能妥为交代,不会任其拖延。

3　通过2的标准外,并具下列行为之一者：

　　a.即使对较困难的事(其能力较难胜任者),亦能勉力工作,有始有终。

　　b.鼓励同工,共同克服困难,努力达成目标。

A4 按时完工　　□□□□

能准时完成具有时限的工作,能努力维持工作进度,不随意拖延。

1　具有下列行为之一者：

　　a.经常拖延工作时限,延误工作进度。

　　b.时限一到,草草了事,品质欠佳。

　　c.需要一再地提醒督促,才能勉强依时完成工作。

　　d.给人"毫无时间与进度的观念"的印象。

2　凡合乎下列所有行为者：

　　a.经常能按时完成所交付的工作。

　　b.对于所安排的工作进度能努力去维持,不会借故随意拖延。

3　通过2的标准外,并具下列行为之一者：

　　a.对工作时间的安排特别用心,不会为了赶时间匆匆忙忙。

　　b.提前完成所交付的工作。

A5 安全意识　　□□□□

工作中具有高度的安全意识,切实遵守安全规定,能察觉工作中的危险状况并预做防范。

1　具有下列行为之一者：

　　a.经常有发生意外的记录。

　　b.缺乏危险意识导致险象环生。

　　c.对于环境中的危险缺乏察觉的能力,导致经常发生意外或有惊无险之事。

　　d.需要经常性的监督与提醒才能确保安全。

2　凡合乎下列所有行为者：

　　a.能注意遵守工作场中的安全规定。

　　b.具有高度的危险意识。

　　c.对环境中明显的危险性可以及时察觉,并小心防范(如:火、化学药品、尖锐物等)。

3 通过2的标准外,并具下列行为之一者:

a.对于环境潜藏的危险,亦能敏锐地察觉,并加以防范(如:落物、负重、倒塌等)。

b.在工作场中没有发生意外的记录。

A6 收拾习惯 ☐☐☐☐

工作过后或告一段落时,有收拾现场的习惯,借用或取用的物品有归还或物归原位的习惯。

1 具有下列行为之一者:

a.工作后没有收拾的习惯。

b.虽经再三提醒,亦难以养成收拾的习惯。

c.工作现场杂乱无章,险象环生。

d.借用的物品随意弃置,没有归还的习惯。

e.没有物归原位的习惯。

2 凡合乎下列所有行为者:

a.主动收拾现场的习惯,如:打扫、整理、摆置、定位(偶发者不计)。

b.借用的物品主动归还。

c.各种物品主动归至原位,并做整理。

3 凡通过2标准外,并具下列行为之一者:

a.在工作过程中,注意各项物品的取放位置,保持工作场所有条不紊的状况。

b.在工作中每告一段落,就会主动进行收拾,以维持工作场所整洁。

> **二、工作习惯** ☐☐☐☐

A7 卫生习惯 ☐☐☐☐

外表整洁,望之无邋遢感(如:头发、胡须、指甲及衣着整齐,牙齿清洁无口臭,身体无异味等)。

1 具有下列行为之一者:

a.头发、胡须、指甲经常不修剪。

b.经常衣着不洁,破绽不缝补。

c.身体生污垢有异味、体臭。

d.给人一种外表污秽不洁的印象。

2 凡合乎下列所有行为者:

a.头发、胡须、指甲勤于修剪。

b.衣着勤于换洗、修整、无不洁或破损。

c.口腔干净、卫生,勤于刷洗,无食物残留,不生口臭。

d.给人外表整齐、清洁的印象。

3　通过2的标准外,并具下列行为之一者:

a.会自行适当使用化妆品给自己化妆。

b.会自行适当使用饰物打扮自己(如:发结、项链等)。

A8 习癖　□□□□

没有不自觉的或难以控制的习癖动作或语言(如:咬手指、口头禅、晃动身体、出怪声等)。

1　具有下列行为之一者:

a.具有一种以上习癖动作,其程度显然影响正常工作且妨碍人际关系的正常发展。

b.具有三种以上轻微习癖。

2　凡合乎下列所有行为者:

a.具有一种习癖动作,情节较轻微,不妨碍正常活动、人际关系发展。

b.凡有二种习癖动作,但尚未影响人际关系及正常工作之进行。

3　没有不自觉的或难以控制的习癖动作或语言(如:咬手指头、口头禅、晃动身体、出怪声等)。

> **三、工作态度**　□□□□

A9 礼貌　□□□□

在社交场合适当地表现出致歉、问候、尊重、礼让、分享、招待他人等行为。

1　具有下列行为之一者:

a.自己的所有物(如:零食、用品等)不借予他人使用,即使向其提出请求,仍然不肯借人。

b.即使在需要时亦不会向他人致歉意。

c.在社交场所,给人一种粗鲁无礼的整体印象。

2　凡合乎下列所有行为者:

a.对他人表现出问候、尊重、礼让的行为。

b.能与他人分享所有物。

c.需要时会适当地表达歉意。

d.在社交场合给人一种有礼貌的整体印象。

3 　凡合乎下列行为之一者：

　　a.在社交场合应对、举止合宜,表现突出,给人深刻印象。

　　b.在不同场合(如:婚丧、喜庆等)能在衣着、行为或言语上表现适当。

A10 愉快　　　　　　　　　　　　□□□□

保持愉快乐观的心性。若无严重刺激,能保持情绪稳定,不会大吼大叫或喜怒无常。

1 　具有下列行为之一者：

　　a.经常大吼大叫,随意动怒与人争执。

　　b.稍遇挫折或刺激便会有消沉的行为表现。

　　c.给人一种经常情绪不稳定的印象。

2 　凡合乎下列所有行为者：

　　a.即使偶有不如意之事,仍能在最短的时间内回复愉悦的心情。

　　b.能合理地控制脾气,以适当的方式表达内在的感受。

3 　通过2的标准外,并具下列行为之一者：

　　a.经常给人一种乐观、愉快开朗的印象。

　　b.待人处事经常心存感激。

A11 诚实　　　　　　　　　　　　□□□□

说实话,能坦承错误,让他人有信任感。

1 　具有下列行为之一者：

　　a.习惯性说谎。

　　b.即使被人发现说谎,提出纠正,仍很难坦承错误。

　　c.给人一种不诚实、爱说谎的印象。

2 　偶尔会有说谎情形,但经纠正或晓以道理后,能坦承错误。

3 　凡合乎下列行为者：

　　a.不管结果对自己有利或有害均能坦承错误,不推诿。

　　b.给人一种不说谎、很诚实的印象。

A12 友善　　　　　　　　　　　　□□□□

对工作伙伴表现出接纳的态度,没有排斥、挑剔、攻击、诋毁等拒绝的敌对态度。

1 　具有下列行为之一者：

　　a.经常喋喋不休、批评、诋毁、挑剔、攻击同伴的行为。

　　b.拒绝与同伴做善意的往来。

　　c.经常欺侮较弱小的同伴。

d.对新进的同伴不能表示接纳的态度甚或肆意排斥、敌对。

2　凡合乎下列所有行为者：

a.对熟悉的工作伙伴能接纳(不排斥)。

b.能适当地与工作伙伴沟通(以语言或动作)。

c.以适当的方式表达对同伴的善意(如:微笑、协助、分享等)。

3　通过2的标准外,并具下列行为之一者：

a.即使对不熟悉的新进伙伴亦能表现出接纳的态度。

b.能主动与同伴发展友谊(如:拜访、问候等)。

c.即使对不甚友善的工作伙伴,亦能不计嫌隙,表示善意。

A13 动机　　□□□□

能了解工作的意义与酬劳的关系,具有工作的意愿,喜欢有事做,会主动追求工作机会,并努力保有此项工作。

1　具有下列行为之一者：

a.缺乏工作意愿,终日赋闲在家,无所事事。

b.即使以物质性的诱因,亦难诱发其工作意愿。

c.工作遭到挫折时,立即丧失工作意愿。

2　凡合乎下列所有行为者：

a.工作的意愿高,喜欢有事做,不喜欢赋闲在家。

b.会担心失去工作。

c.知道工作与酬劳的关系。

3　通过2的标准外,并具下列行为之一者：

a.会主动追求工作机会(如:找就业广告、请人介绍工作)。

b.为了较长远的目标,能主动、持续地完成工作(如:年终奖金、荣誉等)。

A14 努力　　□□□□

工作时全力去做,表现出积极用心的态度,不会让人有应付了事、得过且过、敷衍塞责等感觉。

1　具有下列行为之一者：

a.在一般工作场所中表现出消极态度。

b.需要一再督促才能继续工作。

c.给人应付了事、得过且过的印象。

2 凡合乎下列所有行为者：

a.在工作场中,表现出认真、用心、尽力去做的态度。

b.给人积极用心、努力进取的印象。

3 通过2的标准外,并具下列行为之一者：

a.即使是较困难的事(其能力较难胜任)亦表现出努力、认真的态度。

b.在非常的工作情境中(如:加班、高温、噪音等)亦能努力从事工作。

A15 创意 □□□□

在工作过程中,能够机智地表现出创造力,促使工作的品质、速度、成果获得一定程度的改善,并为工作单位所认同。

1 具有下列行为之一者：

a.工作中墨守成规,一成不变。

b.即便是行为明显地不利于作业品质、速度等,仍不知变通、调整,也不改善。

2 凡合乎下列所有行为者：

a.在工作中适当地表现出创造性的变化(如:改变位置、程序等)。

b.经常对工作的过程步骤、产品设计等,提出个人的看法。

3 通过2的标准外,并具下列行为之一者：

a.在工作中表现的创造性明显地对工作的品质、速度及成果产生建设性的价值。

b.工作单位中的主管或同事明显地乐见其创造性的表现。

A16 自信 □□□□

对自己的能力有适当的信心,不会犹豫不决。若无特殊理由,对新给予的工作乐于尝试、学习,不会逃避。

1 具有下列行为之一者：

a.即使是自己能力可胜任,亦经常表现出犹豫不决的态度。

b.对于新的工作常表现出拒绝、逃避、忧虑的负向行为。

c.经常予人一种缺乏信心的印象。

2 凡合乎下列所有行为者：

a.在工作中表现主动积极,给人一种胸有成竹的印象。

b.对于自己能力可能无法胜任的工作愿意尝试,不会立即表现出退缩、排斥。

3 通过2的标准外,并具下列行为之一者：

a.即使给予新的工作,亦能表现出乐于尝试与学习的态度。

b.在陌生的环境中,能表现出积极参与的态度。

A17 谨慎　□□□□

在工作中随时细心地确保工作的安全、品质,行为举止不会有粗鲁莽撞的感觉(如:弄坏机件,发生意外等)。

1　具有下列行为之一者:

　　a.经常不小心撞翻、毁损物品。

　　b.经常在操作中毁损机具或发生意外。

　　c.需要一再地提醒才能谨慎从事。

　　d.予人粗心大意、粗鲁莽撞的印象。

2　凡合乎下列所有行为者:

　　a.在动作上(如:操作工具、搬运物品等)小心谨慎以防毁损、伤害。

　　b.在言语上以较节制的方式表达(如:轻声细语、谨言慎行)。

　　c.给人小心、谨慎的印象。

3　通过2的标准外,并具下列行为之一者:

　　a.对工作中的工具操作、作业程序及安全习惯等细微处极为谨慎,几乎不生差错。

　　b.对需要较谨慎的作业(如:搬运玻璃器皿、陶瓷器等),有良好的表现。

A18 节约　□□□□

对于工作材料、时间及体力均能注意节约、控制,不随意浪费消耗。

1　具有下列行为之一者:

　　a.在工作材料的使用上,毫无节省的意识,徒然浪费材料,增加成本。

　　b.在工作中毫无节省时间的概念,表现出拖延、浪费及事倍功半状况。

　　c.没有节约金钱的观念,花费无节度,增加支出。

　　d.在体力上做无谓的消耗,以至经常表现出筋疲力尽的状态。

2　凡合乎下列所有行为者:

　　a.在工作材料的使用上,不产生额外消耗。

　　b.在时间控制上,严守工作程序,依时工作,专心做事不拖延。

　　c.在金钱使用上,不花费无谓的金钱。

　　d.在体力节省上,不浪费无谓的体力。

3　在维持一定品质的情况下,对于材料、金钱、体力及时间,能作最节省的耗费。

A19 竞争心　□□□□

工作中具有适当追求成功或比他人优秀的企图心,当伙伴工作绩效较佳时,有见贤思齐的表现。

1 具有下列行为之一者：

　　a.缺乏竞争心，无视于同伴较佳的表现。

　　b.在较具竞争性的工作中，容易放弃、退缩、沮丧等。

　　c.各种激励性的办法亦无法对其在工作品质、速度、态度上发生作用。

2 凡合乎下列所有行为者：

　　a.在工作品质上会因同伴的较佳表现，企图改善自己的工作品质（成果可以不计）。

　　b.在工作速度上会因同伴的较佳表现，企图改善自己的工作效率（成果可以不计）。

　　c.在工作态度上会因同伴的较佳表现，而企图改善自己的态度。

3 通过2的标准外，并具下列行为之一者：

　　a.在具竞争性的工作中（如：按件计酬、比赛奖金等）会明显表现出想获胜的企图心（输赢不计）。

　　b.即使不具竞争性的工作，亦会与自己的表现水准比较，改善与提升品质。

　　c.当给予新的或较困难的工作时，明显表现出追求成功的企图心。

A20 责任感　☐☐☐☐

对于交付的工作任务能放在心上，设法完成；遇到困难会寻找解决的途径，不会置之不理。

1 具有下列行为之一者：

　　a.经常遗忘所安排的工作。

　　b.经常将所交付的工作，拖延贻误或任其搁置。

　　c.经常做口头承诺，却不履行实践。

2 凡合乎下列所有行为者：

　　a.能将所安排的工作放在，努力去做。

　　b.即使无法完成，亦能适当地交代（如：说明理由、移交、请辞等）。

　　c.给人一种有责任感的印象。

3 通过2的标准外，并具下列行为之一者：

　　a.对于有困难的工作亦能努力尝试，寻求解决的方法。

　　b.会提醒他人应该完成工作任务。

A21 可靠性　☐☐☐☐

能信守承诺并可放心付予工作，不必担心会有忘记、反悔、变卦、缺席等不可靠的表现。

1 具有下列行为之一者：

　　a.对所承诺的事经常中途变卦、反悔。

　　b.安排给他的事经常遗忘。

　　c.给人不可靠、不可托付的印象。

2　凡合乎下列所有行为者：

　　a.所安排的工作不必担心其忘记（偶发者不计）。

　　b.只要他答应的事，不会发生中途变卦、反悔等情况。

　　c.给人可靠、可信任、可托付的印象。

3　通过2的标准外，并具下列行为之一者：

　　a.安排给他的工作，即使是较难者（超越其能力），亦能勉力从事。

　　b.当其有明显理由无法实现承诺时，亦能事先妥当交代。

A22专注力　☐☐☐☐

具有一定程度的注意力，能专注地完成工作，不易受心理或其他刺激的干扰。

1　具有下列行为之一者：

　　a.经常在工作进行中离开工作岗位，做与工作无关之事。

　　b.经常与人争执、喋喋不休、发呆，以致影响工作品质。

　　c.在工作进行中，经常给人一种不专心的印象。

2　凡合乎下列所有行为者：

　　a.在一般正常的情况下（指刺激与干扰较少）能专心维持工作进行。

　　b.工作进行中，能专心工作（不说闲话、喋喋不休、与人争执等）以维持工作品质与效率。

　　c.固守工作岗位，不随意离去。

　　d.自始至终完成工作，不中途离去做与工作无关之事（偶发者不计）。

3　通过2的标准外，并具下列行为之一者：

　　a.在较多刺激干扰的情况下，仍能专心维持工作进行。

　　b.即使身心受到若干程度的打击（如：被批评、身体抱恙等）仍能专心工作。

　　c.在需要延长工作时间的情况下，仍能尽量维持工作品质与速度。

A23洞察力　☐☐☐☐

　　了解到当下场合所蕴含的信息或意义（如：正确地辨认他人的表情、语调、肢体动作，以及环境气氛等寓意），来调整自己的行为。

　　1　具有下列行为之一者：

　　　　a.对于他人脸上的表情、语调及肢体动作，不能做接近实际的察觉。

　　　　b.对于整个环境的气氛所蕴含的意义，不能做正确的察觉。

c.经常给人一种不识时务、自讨没趣的印象。

2 凡合乎下列所有行为者：

a.对于他人面部表情所蕴含的意义(如：喜怒哀乐恶惧等)能作正确的察觉。

b.对于他人的声音表情(如：抑扬顿挫等)所蕴含的意义能作正确的察觉。

c.对于他人的肢体动作所蕴含的意义，能作正确的察觉。

3 通过2标准外，并具下列行为之一者：

a.对一些较隐晦寓意的表情、语调及肢体动作能作正确的察觉(如：讽刺、冷嘲、嫉妒等)。

b.对于整个环境气氛所蕴含的意义，能作正确的察觉(如：生气、不合作等)。

c.能依所察觉的结果作较正确的行为调整。

A24 决断力 ☐☐☐☐

在工作时对于需做判断的两难情境，能有较合理的判断，并做出恰当的反应。

1 具有下列行为之一者：

a.当面临选择的情境时，表现出犹豫不决、退缩、焦虑不安。

b.当面临选择的情境时，经常请求别人协助，无法独立判断。

c.经常做一些不假思索、不利于工作结果的决定。

2 凡合乎下列所有行为者：

a.当面临选择的情境时，能做有利的判断。

b.当面临要决断的情境时，能在期限内做明快的决定。

3 经常在选择的情境中做出正确的决定。

A25 适应改变 ☐☐☐☐

当变更例行的工作安排时(如：时间、场地、作业程序、监督者、小组成员等)能尽快地适应，不会有负面的情绪反应(如：发脾气、闹事、退缩、降低品质等)。

1 当常规改变时，立即做出负面的情绪反应(如：发脾气、退缩、降低工作品质等)。

2 凡合乎下列所有行为者：

a.变更工作场所、工作程序或内容时，能照常工作，不影响效率。

b.当改变工作常规时，仍能维持正常态度，不会发脾气、闹事、退缩、降低工作品质等。

3 通过2的标准外，并具下列行为之一者：

a.即使所改变的常规对其有不利的影响，仍能维持强烈的工作意愿。

b.改变常规后能在最短时间内恢复工作的常规运作。

A26 接受批评 □□□□

能够接受他人(同事或上司)的批评并据以改正自己的错误,不会产生负面情绪(如:大哭、大闹、乱丢东西、破坏物品、沉默、抗议等)。

1　具有下列行为之一者:

　　a.对他人的批评明显地表现不悦的态度。

　　b.强词夺理、狡辩、掩饰过失。

　　c.发生情绪失控的行为(如:大哭、大闹、破坏物品、沉默、抗议等)。

2　凡合乎下列所有行为者:

　　a.对他人合理的批评能接受。

　　b.能够针对他人合理的批评,设法改善自己。

　　c.对他人的批评,没有情绪失控(如:哭闹、沉默、抗议等)。

3　通过2的标准外,并具下列行为之一者:

　　a.设法改正缺失,态度诚恳。

　　b.针对他人批评,主动请教如何改善,态度诚恳。

　　c.面对即使不合理或不正确的批评,亦能以合适的态度接受,并诚恳地说明。

A27 忍受挫折 □□□□

当工作失败、不顺利或人际关系上不如意时,不会立即有灰心、沮丧、退缩、闹脾气、攻击等负向反应。

1　当挫折发生时,立即表现出负向反应(如:灰心、沮丧、退缩、闹脾气、攻击等)。

2　凡合乎下列所有行为者:

　　a.当工作失败或不顺利时,仍能保持正常性反应。

　　b.在与同事人际上不顺利时,仍能保持正常性反应。

　　c.当面临挫折时,表现出克制、忍耐。

3　通过2的标准外,并具下列行为之一者:

　　a.当挫折加重时仍能表现出受控制的反应。

　　b.当身心负担过重时仍能表现出较为受控制的反应。

　　c.当面临挫折时,能主动地采取各种缓和的有效措施(如:积极求助、寻找解决方法)。

A28 克服压力 □□□□

在压力下工作时(如:连续加班、赶工等)仍能维持心理平和并保证工作品质,不致因压力而立即发生负向情绪反应(如:低落、失眠、退缩、攻击、冲突等)。

1 具有下列行为之一者:(在工作压力下立即表现出)

a.生理上的负向反应(如:失眠、便秘、食欲不振等)。

b.心理上的负向反应(如:退缩、攻击、烦躁不安、易怒、焦虑等)。

c.工作能力上的负向反应(如:工作品质、效率及安全性明显下降,容易受伤等)。

2 凡合乎下列所有行为者:在一般较合理的压力情境下工作(如:加班、赶工等),能表现出:

a.维持心理的平和状态。

b.维持正常工作品质与速度。

c.维持生理上的正常机能。

3 通过2的标准外,并具下列行为之一者:

a.在高难度(指自己能力较难胜任者)的工作压力下,能表现出努力克服的行为反应。

b.在不合理的工作压力下(如:长期持续加班、上司无理斥责、工作进度与品质的无理要求等),仍能努力维持正常运作。

> 四、工作质量 ☐☐☐☐

A29 工作品质 ☐☐☐☐

工作中有维持品质的概念,在过程中能注意及遵守工作程序,随时检核工作成果,以确保工作品质,不会有做了就算数、只求速度不求品质等情况。

1 具有下列行为之一者:

a.随意变更、省略工作程序,明显地破坏工作品质。

b.工作成品约5%以上无法通过质检。

c.给人草草了事、只求速度不求品质的印象。

2 凡合乎下列所有行为者:

a.工作中有随时检核产品品质的习惯。

b.对于不合理的产品会改善、调整使其符合需求水准。

c.尽量遵守规定的作业程序,以确保品质。

3 通过2的标准外,并具下列行为之一者:

a.其所完成的产品品质在要求水准之上。

b.可负责品管的工作。

c.知道影响该产品品质的关键,做适当的改善。

A30 自我评价 □□□□

在工作前能正确地判断自己可否胜任该项工作,工作后对品质能做实事求是的自我批评。

1　具有下列行为之一者:

　a.对完成该项作业的能力缺乏自我评估能力(正确性在20%以下)。

　b.对完成后的工作品质缺乏自我评估能力(正确性在20%以下)。

　c.经再三提醒,难能养成事前与事后进行自我评估的习惯与能力。

2　凡合乎下列所有行为者:

　a.在工作前对自己是否能胜任该项工作预作评估,其正确性在50%以上。

　b.在工作后对作业结果的品质自行评估,其正确性50%以上。

3　通过2的标准外,并具下列行为之一者:

　a.自动自发地在工作前与工作后进行自我能力及品质的评估。

　b.评估的正确性高达80%以上。

＞　五、人际关系 □□□□

A31 独立作业 □□□□

在工作过程中能够独立完成分内的工作,不会要求他人帮忙或提供非必要的协助,不需他人提醒、督促或陪伴就能进行工作。

1　具有下列行为之一者:

　a.不肯在个别的工作情境中,独自完成能力可胜任的工作。

　b.当其在独立作业时,品质与效率明显降低。

　c.经常要求他人的协助及非必要的帮助。

　d.经常需要他人督促、提醒才能独立作业。

　e.发呆、无所事事或做其他与工作无关的事务。

2　凡合乎下列所有行为者:

　a.当给予特定作业时,能自动自发地依规定操作。

　b.独立工作时,其效率不会降低(品质与速率)。

　c.不会说无用的话或凡事求助妨碍工作进行。

3　通过2的标准外,并具下列行为之一者:

　a.在长时间(4小时以上)均无人照管、提醒与协助下,可独立完成能胜任的工作。

　b.在独立作业情境中,工作效率有明显提升。

c.在有干扰的情境中,亦能有始有终,独立完成工作。

A32 小组合作　□□□□

与工作伙伴合力完成工作,当伙伴要求配合时,能作立即的回应,合作过程有始有终。

1　具有下列行为之一者:

    a.当伙伴或指导员要求其配合时,表现出消极或拒绝的态度。

    b.独来独往,单独作业,不参与他人的工作或活动。

    c.给人一种不合作的整体印象。

2　凡合乎下列所有行为者:

    a.能与工作伙伴合力完成工作。

    b.当伙伴要求配合时,能作立即的积极反应。

    c.合作有始有终。

3　通过2的标准外,并具下列行为之一者:

    a.能主动与他人寻求合作机会完成工作。

    b.能引导他人合作参与,完成某项工作。

    c.遇不适合的合作伙伴时,能以宽容心态采取合作态度。

    d.经常表现出助人的行为。

    e.对新的工作伙伴亦能表现出合作的态度。

A33 服从上级　□□□□

对上级的要求(如:工作安排、步骤指导、安全守则等)无论口头上或行动上均能乐意听从。

1　具有下列行为之一者:

    a.对于上级的合理要求(如:工作安排、步骤、安全规定等)经常表现出反对、不服或口服心不服的态度。

    b.对于新任的上级,常表现出批评、不合作的行为。

    c.给人一种不合作、不服从的印象。

2　凡合乎下列所有行为者:

    a.对于上级的合理要求(如:工作安排、步骤、安全规定等)均能遵守。

    b.对上级提出的纠正乐于接受,并试图改正错误。

3　凡通过2之标准外,并具下列行为之一者:

    a.对于频繁改变的规定亦能遵守不渝,即使是不合理或对自己不利,亦能尽量配合遵守。

　　b.对于新任上级能立即合作,接纳与服从。

A34 请求协助　　　　　　　　　　　　　　　□□□□

面对工作的困难时,能诚恳、适当地请教工作伙伴或上司,不会任由困难存在,耽搁工作。

1　具有下列行为之一者:

　　a.遇到困难时,无法请求他人协助。

　　b.请求他人协助时,不能以适当的方式或态度表达。

2　当工作遇到困难时(如:缺乏资料、技术等)能向有关的人员求助。

3　通过2的标准外,并具下列行为之一者:

　　a.能以诚恳的态度请求协助。

　　b.能以适当的方法,有效地请求协助。

　　c.当别人协助他时,能适当地表达谢意。

领域 B　职业能力 ☐☐☐☐

注意:凡无工作意愿或未提供任何工作经验者,以0分计算。

> ## 一、工作姿势 ☐☐☐☐

B1 站 ☐☐☐☐
在工作地点双脚保持直立不移动(不需双手支持)。
1　仅能在1小时以内的时间中,持续站立着工作。
2　能持续站立着工作1至2小时。
3　能持续站立着工作3至4小时。

B2 走动 ☐☐☐☐
工作时间内以走路或辅助器材协助的方式持续地移动。
1　仅能在1小时以内的时间中,持续来回走动。
2　能持续地来回走动1至2小时。
3　能持续地来回走动3至4小时。

B3 跑 ☐☐☐☐
以快速的跑步方式持续地移动。
1　连续跑完60米所需要的时间超过15秒。
2　能在15秒内连续跑完60米。
3　能在13秒内连续跑完60米。

B4 跨越 ☐☐☐☐
将身体以瞬发力量带离地面的动作。
1　仅能跨(跳)过低于20厘米高(远)的障碍物。
2　能跨(跳)过20至30厘米高(远)的障碍物。
3　能跨(跳)过30至40厘米高(远)的障碍物。

B5 蹲 ☐☐☐☐
曲膝并保持平衡的姿势持续一段时间。
1　仅能在15分钟以内的时间中,持续蹲着工作。
2　能持续蹲着工作达15分钟至30分钟。

3 能持续蹲着工作达30分钟至1小时。

B6跪 □□□□

膝盖着地以保持平衡的姿势。

1 仅能在15分钟以内的时间中,持续跪着工作。

2 能持续跪着工作达15分钟至1小时。

3 能持续跪着工作1小时以上。

B7坐 □□□□

以臀部着地(或椅面),不依赖手部协助而能持续保持平衡。

1 仅能在1小时以内的时间中,持续坐着工作。

2 能持续坐着工作达1小时至2小时。

3 能持续坐着工作达2小时至4小时。

B8爬 □□□□

借助手掌和双膝在同一平面上交互移动,持续维持身体前进的姿势。

1 仅能做出爬姿,但仅能断续工作。

2 能持续地以爬姿进行30分钟至1小时以内。

3 能持续地以爬姿进行1小时以上的工作。

B9躺 □□□□

以躯干卧于地板上的姿势工作。

1 虽能躺着,但仅能断续工作。

2 能持续躺着工作30分钟至1小时以内。

3 能持续躺着工作1小时以上。

B10弯腰 □□□□

将腰部弯曲,保持工作时需要的姿势。

1 需用辅助器具或以手扶物才能做出前弯或侧弯的动作。

2 凡符合下列二者之一:

　　a.坐姿(椅子高度在60厘米左右)时,能弯腰使手掌垂至膝盖以下,以便工作。

　　b.站姿时,能弯腰使手掌垂至膝盖以下,以便工作。

3 凡符合下列二者之一:

　　a.坐姿(椅子高度在60厘米左右)时,能弯腰使手掌垂至脚掌处,以便工作。

　　b.站姿时,能弯腰使手掌垂至脚掌处,以便工作。

B11 攀登 □□□□

运用手脚在梯子、楼梯、鹰架、斜坡等地方上下移动。

1 仅能在攀爬角度在30°以下的楼梯或斜坡。

2 能攀爬角度在30°~60°左右的楼梯及斜坡,并保持平衡。

3 能攀爬较垂直的物体,并保持平衡(如:鹰架、水塔梯等)。

B12 平衡 □□□□

在身体静止(如站立、蹲)或移动(如转身,弯腰、跑步、攀爬等)时,能保持身体的稳定。

1 仅在使用辅助器具时,才能于静止的状态下,保持身体的平衡。

2 能在静止的状态下,保持身体的平衡。

3 虽在移动的状态下,亦能保持身体的平衡。

> **二、体力负担** □□□□

B13 体力 □□□□

完成工作所需要的足够生理耐力。

1 仅具从事1个小时以内轻工作的体力(举重不超过5公斤)。

2 具有从事至少4个小时以内轻工作的体力(举重不超过5公斤),及1小时以内中等工作的体力(举重不超过10公斤)。

3 具有从事至少4个小时以内中等工作的体力,及1小时以内重工作的体力(举重约10~20公斤)。

B14 举 □□□□

用手将物体举高或放低。

1 仅能将5公斤以下的重物由地面举至腰部,或将重物从腰部高度轻放至地面上。

2 能将5~10公斤重的物品由地面举至腰部,或将重物从腰部高度轻放至地面上。

3 凡符合下列二者之一:

a.能将10公斤以上重的物品由地面举至腰部,或将重物从腰部高度轻放至地面上。

b.能将5公斤重的物品由地面举至头部的高度,或将重物从头部高度轻放至地面上。

B15 携带 □□□□

以拿在手中、夹在手臂下,或系于腰部的方式移动物品。

1 仅能携带3公斤以下的物品至50米远处。

2　能携带 3~10 公斤的物品至 50 米远处。

3　能携带 10 公斤以上的物品至 50 米远处。

B16 推 ☐☐☐☐

施力于物体,使其远离施力者或使其朝某个方向移动。

1　仅能推动 5 公斤以下的重物至 50 米远处。

2　能推动 5~10 公斤的重物至 50 米远处。

3　能推动 10~15 公斤重物品至 50 米远处。

B17 拉 ☐☐☐☐

施力于物体使其朝施力者的方向移动。

1　仅能拉动 5 公斤以下的重物至 50 米远处。

2　能拉动 5~10 公斤的重物至 50 米远处。

3　能拉动 10~15 公斤的重物至 50 米远处。

B18 背(扛) ☐☐☐☐

指以背部承受重物,使之移至某处。

1　仅能背(扛)得动 5 公斤以下的重物至 50 米远处。

2　能背(扛)得动 5~10 公斤的重物至 50 米远处。

3　能背(扛)得动 10~20 公斤的重物至 50 米远处。

> 三、上肢活动 ☐☐☐☐

B19 伸手 ☐☐☐☐

向各方向伸展手臂的动作。

1　能伸手,但速度、方向、力度控制不好。

2　双手皆能伸展,但只能朝向某方位(或方向)取用物品。

3　双手皆能向各方向伸展自如,以取用物品。

B20 握持 ☐☐☐☐

以手指头和手掌的力量固定物品。

1　需同时利用双手才能握持物品,或者握持力度不够。

2　能利用单手握持一个物品。

3　能同时利用双手握持不同的物品。

B21 扭转 □□□□

以手指、手掌和手腕的力量转动物品的动作。

1　仅能作出扭转的动作,但没有力量扭转物品。

2　能扭转一端已被固定的物品(如:门把手、螺丝钉与螺丝帽等)。

3　能扭转不被固定的物品(如:毛巾等)。

B22 手指拨弄 □□□□

以手指头作抓取、挖、捏、扣、按、挤等动作的能力。

1　需同时利用双手才可拨弄一件物品,或拨弄不灵活、准确。

2　能单手灵活、准确地拨弄一件物品。

3　双手可同时拨弄不同的两个物品。

> 四、感官知觉 □□□□

B23 光线调适 □□□□

眼睛对于光线强弱变化的反应及调适的能力。

1　对光线强弱变化,需要较长的时间才能调适。

2　对室内室外的一般光线强弱变化能迅速地调适。

3　对于较强烈变化的光线能迅速调适(如:煅烧、焊接等发出的光)。

B24 视觉 □□□□

视力程度(近视、远视、散光、色盲、正常)和视野广度(视野狭窄、正常等)。

1　视力在0.3~0.6之间或视野消失在30%以下。

2　有一眼的视力障碍、斜视等,或两眼视力在0.6~1.0之间,或视野消失在10%以下者。

3　正常,或经矫治恢复正常,视力在1.0以上(两眼视力均使用)。

B25 形状感 □□□□

对物体、图形、文字或符号的形状分辨力。

1　对物体、图形、文字或符号的形状缺乏正确的分辨能力。

2　对物体、图形、文字或符号的形状能做粗略的比较与归类。

3　能对物体、图形、文字或符号的形状做精细差异的比较、分析。

B26 大小辨别 □□□□

对物体或图形的大小的分辨能力。

1　对物体或图形的大小缺乏正确的分辨能力。

2 能分辨大小差异较悬殊的物品。

3 能分辨大小差异较细微的物品。

B27 色彩辨别 □□□□

对物体色彩的分辨力。

1 对物体的色彩没有正确的分辨能力。

2 能正确分辨不同色系的物品(如:红、蓝、黄、绿等)。

3 能正确分辨相同色系的物品(如:红、粉红、桃红等)。

B28 空间知觉 □□□□

对空间距离的判断与空间关系的辨认。

1 对空间距离与空间关系缺乏正确的辨认及判断能力。

2 能分辨并指出在自己上下、左右、前后的位置

3 能依上下、前后、左右、中间等空间关系之要素,摆设出相关的物型。

B29 触觉 □□□□

以皮肤的感觉来分辨物体的大小、形状、质料及温度的不同。

1 能利用触觉来分辨少数特定物体的大小、形状及温度。

2 能以触觉来分辨在大小、形状、质料、温度上差异较大的物品。

3 能以触觉来分辨在大小、形状、质料、温度上差异较细微的物品。

B30 听辨力 □□□□

辨别声音大小、高低、强弱的能力。

1 能分辨少数特定声音的大小、高低、强弱。

2 能分辨差异性较大的声音(如:大小、高低、强弱等)。

3 能分辨差异性较小的声音。

B31 听力 □□□□

察觉声音,以耳接收声音信息的能力。

1 能听见1~3米的普通会话声(约25~40分贝音量,下同)。

2 能听见3~6米的普通会话声。

3 能听见6米外的普通会话声。

B32 嗅味觉 □□□□

用舌头或鼻子分辨物体味道或气味(如:盐、糖、柠檬汁、香水等)的异同。

1 能分辨少数特定的物品的味道或气味。

2 能分辨一般常见物品的气味的异同(如:酸、甜、苦、辣、香、臭等)。

3 对于味道或气味差异度轻微的物品,亦能精确辨别(如:各种不同厂牌的啤酒、香水等)。

> 五、协调能力 □□□□

B33 手眼协调 □□□□

视觉与手部(单手、双手)协调操作的能力(如:穿珠子、搬动物品等)。

1 能做大动作的协调操作(如:以手搬动物品等)。

2 能做小动作的协调操作(如:握、捻、穿珠子等)。

3 能使用工具做精细的手眼协调操作(如:精细的剪纸等)。

B34 手脚协调 □□□□

手(单手、双手)与脚(单脚、双脚)同时协调运动的能力。

1 能做手与脚同时协调的大动作(如:走路、爬行等)。

2 能做手与脚同时协调的精细动作(如:装订、打气等)。

3 能配合使用工具做手与脚同时协调操作的动作(如:手推车等)。

B35 手眼脚协调 □□□□

视觉与手部操作(单手、双手)及脚部运动(单脚、双脚)同时配合的能力。

1 能做手眼脚同时配合的大动作,但动作笨拙缓慢(如:穿鞋袜、扫地、拖地、擦楼梯扶手等)。

2 能做手眼脚同时配合的大动作(如:穿鞋袜、扫地、拖地、擦楼梯扶手等)。

3 能配合使用工具做手眼脚同时协调配合的动作(如:踩缝纫机、骑车、开车等)。

> 六、沟通能力 □□□□

B36 记住指示 □□□□

记忆他人口述的指示,并能正确复诵或完成。

1 需他人指示才能正确复诵或做到单项口头指示。

2 能正确复诵或做到单项口头指示。

3 能正确做到复诵或做到多项口头指示。

B37 口语沟通 □□□□

能利用口语与他人作双向沟通,包括日常交谈、电话交谈、专有名词的理解与使用等。

1 在日常生活中,以少数的特定语汇与人沟通。

2　在日常生活中,能无困难地使用口语与他人做双向沟通。

3　在日常生活中,与人沟通应对得体,并可持续交流。

B38 职业词汇 □□□□

以工作环境中所使用的职业词汇(专门术语)与人沟通。

1　仅了解工作环境中所使用的少数必要的职业词汇。

2　对目前所接触的职业环境,能认识约三分之二以内的职业词汇,并使用。

3　对目前所接触的职业环境,能认识约三分之二以上的使用词汇,并使用。

B39 阅读 □□□□

依工作需要辨认书面资料(如:标签、电子零件配置图),并能做出正确反应。

1　仅能辨认少数、必要的书面资料。

2　能辨认约三分之二以内的工作指示的图或文,并做正确反应。

3　能辨认约三分之二以上的工作指示的图或文,并做正确反应。

B40 书写 □□□□

用笔记录信息并表达意思。

1　仅能以少数、特定的方式作记录或表达意思。

2　能利用简单的符号做工作记录并表达意思。

3　能利用简单的文字记录信息并表达意思。

B41 填表 □□□□

书写求职信函、履历表、工作记录等书面资料。

1　仅能以个别化的方式填入必要的表格栏目。

2　能抄写别人代拟的表格,其中有一两个资料是自己填的。

3　能自行简单地填写求职表格上所需的基本资料。

＞　七、工具与材料使用 □□□□

B42 机械操作维护 □□□□

在工作场所中,对机械进行操作与简单维护、保养(如:加油、擦拭、清洁等维护程序)的能力。

1　仅能简单归位、擦拭、遮盖、维护。

2　能进行步骤简单(例如三个步骤以内)的操作与维护。

3　能进行步骤较复杂(例如三个步骤以上)的操作与维护。

B43 手工具 □□□□

对手工具(如:螺丝起子、剪刀、铲子、扳手等)有正确使用与简单维护、保养的能力。

1 能大致操作1~2种以内的手工具,并做简单的维护。

2 能正确地操作3~4种以内的手工具,并做简单的维护。

3 能正确地操作5种以上的手工具,并做简单的维护。

B44 长柄工具 □□□□

对握柄加长的手工具(如:锄头、铁锹、长柄铁锤等)有正确使用与简单维护、保养的能力。

1 能大致操作1~2种以内的长柄工具,并做简单的维护。

2 能正确地操作3~4种以内的长柄工具,并做简单的维护。

3 能正确地操作5种以上的长柄工具,并做简单的维护。

B45 电动手工具 □□□□

对需要利用电力启动的手工具(如:电钻、电吹风机、电熨斗等)有正确使用与简单维护、保养的能力。

1 能大致操作1~2种电动手工具,并做简单的维护。

2 能正确地操作3~4种电动手工具,并做简单的维护。

3 能正确地操作5种以上的电动手工具,并做简单的维护。

B46 技术性工具 □□□□

对因工作性质需要使用的特定工具(需经训练之后方能使用工具,如:钩针、焊枪、电表等)操作与简单维护、保养的能力。

1 能大致使用1~2种特定技术工具,并做简单维护。

2 能正确地使用3~4种技术工具,并做简单维护。

3 能独立正确地操作与维护5种以上技术工具。

B47 测量工具 □□□□

对可计量或估测长短、大小、宽窄、轻重的仪表器具(如:尺、磅秤等)有使用与维护的能力。

1 能大致使用1~2种测量工具,并做简单的维护。

2 能正确地使用3~4种以内的测量工具,并做简单的维护。

3 能正确地使用5种以上的测量工具,并做简单的维护。

B48 材料使用　☐☐☐☐

正确使用工作中所需材料的能力。

1　能大致使用特定1~2种工作材料。

2　能正确地使用工作中的3~4种常用材料。

3　能独立正确地使用工作中5种以上材料,并能依工作变化使用。

＞　八、计算能力　☐☐☐☐

B49 基本计算　☐☐☐☐

因工作需要所必须具备的简单计算能力(如:加减乘除等计算或金钱换算等)。

1　虽不理解,但能在辅具支持下完成1~2种简单计算。

2　能理解并能作简单计算解决工作中相关的问题。

3　能进行较复杂的计算(如:验算、复核)。

B50 重量体积容积　☐☐☐☐

因工作需要所具备的简单的重量、体积、容积等的测量能力。

1　能在辅具的支持下,作固定的几项测量比较重量、体积、容积。

2　能自行使用测量工具做简易的测量比较。

3　能做常用的测量比较,并能使用度量单位以表示测量结果。

B51 大小与长短测量　☐☐☐☐

能对物体的大小、长短做基本简单的估量,或利用测量工具(如:量尺)做较为精确的测量。

1　能在辅具的支持下,作固定的几项测量比较大小、长短。

2　能自行使用测量工具做简易大小、长短的测量。

3　能做常用的测量比较,并能使用度量单位以表示测量结果。

B52 时间测量　☐☐☐☐

能对时间的先后、长短做基本的估量,或利用钟表等计时工具做较为精确的测量。

1　能估量例行活动时间的先后及长短,但仍不会使用计时工具。

2　能估量指定活动的时间先后长短,能利用钟表等计时工具,做简单测量(例如只需三个以下步骤)。

3　除上述外,还能利用钟表等计时工具,做精确测量(例如需三个以上步骤,或精准到分秒)。

> **九、工作程序** □□□□

B53 反复动作 □□□□

对于同一个动作可以反复一段相当时间。

1 能反复同一个动作30分钟至1小时。

2 能反复一个动作1~2小时。

3 能反复同一个动作2~4小时。

B54 固定顺序 □□□□

能将工作依一定的程序来执行。

1 能脱离他人提示,将工作依某一固定且简单的程序逐一执行。

2 能逐一执行一连串的工作程序。

3 能协助他人依固定的程序进行工作。

B55 变动与自主 □□□□

对于工作程序的先后,可以视当时情境需要,自行决定做必要的变动与安排。

1 在他人提示下,能依情境的变化,改变工作程序。

2 需要时,能独自依情境的变化,改变工作程序。

3 需要时,能预估情境的可能变化,调整工作程序。

B56 速度适应 □□□□

可以配合工作速度的要求。

1 在工作中能大致配合他人的工作速度。

2 能在工作中配合别人一般工作速度,或能在一定的时间内完成所要求的工作量。

3 能适应一般输送带的工作速度,必要时可以加快速度而不乱。

B57 组织工作的能力 □□□□

可以自行判断状况,将工作程序加以组织,以提高工作效率。

1 能在他人的协助下,将工作程序加以组织,以提高工作效率。

2 能组织简单的工作程序,以提高工作效率。

3 能弹性组织工作的运作程序,并带动他人,以提高工作效率。

> **十、安全应变** □□□□

B58 维持安全 □□□□

能在工作场所中维护自己及他人的安全。

1 能在他人提示下,维持工作场所中的安全。

2 能自行注意维持工作场所中的安全。

3 能提醒他人注意维持工作场所的安全。

B59 应变

☐☐☐☐

对于意料之外的人、事、物能做出适当的应对措施。

1 在提示下,能处理少数的意外事件。

2 能自行妥善处理常见意外事件。

3 能自行妥善处理各种意外事件。

B60 做决定

☐☐☐☐

可视情况的需要自行决定工作时的材料、工具、方法、程序等与工作有关事项。

1 能在他人提示下,能决定工作有关的事项(如:材料、工具、方法等)。

2 能自行决定工作时例行的事项。

3 能自行决定工作时各种有关事项。

> 十一、工作环境

☐☐☐☐

B61 场所

☐☐☐☐

在建筑物内、外或特殊工作场所工作的能力。

1 仅能在室内或室外工作。

2 能在室内也能在室外工作。

3 能在特殊工作场所中工作。

B62 照明

☐☐☐☐

在光线明暗或强弱不同的环境中工作的能力。

1 仅能在光线良好的环境中工作。

2 能在昏暗或刺眼的环境中工作。

3 能适应工作环境中光线的各种变化。

B63 空气

☐☐☐☐

在不同空气品质的环境中工作的能力(提供防护)。

1 仅能在空气品质良好的环境中工作。

2 能在空气品质不佳的环境中工作。

3 能在空气恶劣的环境中工作。

B64 声音 □□□□

在不同噪声与震动程序的环境中工作的能力。

1　仅能在安静的环境中工作。

2　能在稍有噪音和震动的环境中工作。

3　能在噪声与震动颇大的环境中工作。

B65 温湿度 □□□□

能在不同气温与干湿程度的环境中工作的能力。

1　仅能在温湿度适宜的环境中工作。

2　能在温湿度不良的环境中工作。

3　能在温湿度变化很大的环境中工作。

B66 危险性 □□□□

在危险程度不同的环境中工作的能力(提供防护)。

1　仅能在较安全的环境中工作(如:庇护工厂、机构附设工作坊等)。

2　能在不需特殊安全处理的环境中工作(如:咖啡店、洗车场等)。

3　能在具有轻度危险性的环境中工作(如:机械工厂、建筑工地,高楼、加油站等)。

B67 防护装备 □□□□

在需要不同程度安全防护装备的环境中工作的能力。

1　仅能在不需防护装备的环境中工作。

2　能在需要配戴一般防护装备的环境中工作(如:雨伞、口罩、头盔等)。

3　能在需要配戴特殊防护装备的环境中工作(如:防毒面具、消防衣等)。

B68 职业伤害 □□□□

具有避免职业伤害或职业病的能力。

1　能在指示下,具减轻或避免职业伤害(职业病)的能力。

2　能具有避免或减轻职业伤害(职业病)的基础防护能力。

3　能具有避免或减轻各种职业伤害(职业病)的防护能力。

领域 C 独立生活技能 ☐☐☐☐

注意:凡无工作意愿或未提供任何工作经验者,以0分计算。

> ## 一、家庭维护 ☐☐☐☐

C1 烹饪 ☐☐☐☐

能依个人的喜好、营养及经济能力等因素,准备烹饪所需的食物。

1 能烹调一两种食材解决自己一餐。

2 能顾及自己的喜好或营养或经济能力等条件之一,以烹调日常三餐。

3 能兼顾自己的喜好、营养及经济能力等三条件,以烹调日常三餐。

C2 家居维护 ☐☐☐☐

能依适当的方法与工具有效地维护家居环境与设备。

1 能完成一两种必要的家居环境维护工作。

2 能以扫帚、拖把、抹布、清洁剂、收纳箱等工具维护居家环境,并能维护清洁工具,且居家基本整洁。

3 还能以吸尘器、打蜡机、消毒用品、装饰用品等维护居家环境,并能维护清洁工具,且居家整洁美观。

C3 家居安全 ☐☐☐☐

在家居生活中能正确、有效地维护个人与环境的安全。

1 在家中无危险举动,在他人协助或指示下能确保家居生活的安全。

2 能按一般安全守则使用电器、煤气、火烛等,以防止意外事件发生。

3 当意外灾害即将或已发生时,能使用有效的方法紧急处理以避免酿成更大的灾害与损失(如:报警、使用灭火器、安全逃生等)。

> ## 二、金钱管理 ☐☐☐☐

C4 收入计算 ☐☐☐☐

能了解个人收入的计算方法,并做正确的核算。

1 需他人协助或指示始能完成个人所得的核算。

2 能将个人的所得固定收入做正确的核算。

3　能将较不固定的收入做正确的核算（如：个体户核算自己的成本和收入）。

C5 预算与支出 ☐☐☐☐

能依个人收入状况做适当的支出预算，使收支平衡或有结余。

1　需他人协助或指示始能达成收支平衡。

2　在固定收入状况下（如：日薪、月薪），能做适当的支出预算，使收支平衡或有结余。

3　在较不固定的收入状况下（如：打零工、做小生意等）能做适当的支出预算，使收支平衡或有结余。

C6 借贷 ☐☐☐☐

需借贷时，能依个人的偿还能力，向他人或机关借贷，防止被诈骗。

1　需协助或指示才能与他人进行借贷者。

2　需要借贷时，能依个人偿还能力及相关因素与亲友进行借贷，并能如约偿还。

3　当需借贷时，能依个人偿还能力及相关因素向金融机构依法进行借贷并能如约偿还。

C7 储蓄 ☐☐☐☐

能依个人经济条件，选择合适的储蓄方式，并养成储蓄的习惯。

1　有储蓄概念，能保管少数金钱。需协助或指示才能完成储蓄的手续。

2　能依个人的经济条件，进行简易的储蓄方式（如：银行储蓄、手机平台储蓄），并养成储蓄的习惯。

3　能依个人的经济条件，并考虑储蓄利息及风险，选择最有利的储蓄方式，并养成储蓄的习惯。

C8 纳税与缴费 ☐☐☐☐

能依法律规定，办理应行缴交税款的手续。

1　需他人协助或指示处理一般纳税与缴费问题（如：网费、电话费、水电费、税费、物管费等）。

2　能依规定完成简单的缴交手续。

3　能依规定完成较复杂的纳税与缴费的填报手续（如：个人所得税、营业税、保险费等）。

＞　三、卫生保健 ☐☐☐☐

C9 盥洗与整饰 ☐☐☐☐

能自行完成盥洗与整饰。

1　能大致完成必要的盥洗与整饰。

2　能自行完成盥洗与整饰(如:洗脸、刷牙、梳整头发等),保持干净的外表。

3　能利用保养品、装饰品修饰自己的外表,让人产生良好印象。

C10身心保健　□□□□

能以适当可行的方式保持身心健康。

1　需协助或提示才能采取保健措施。

2　能使用适当的方式保持生理的健康(如:饮食定时定量、运动、休息与睡眠等)。

3　能以适当方式保持心理的健康(如:娱乐、交友等)。

C11疾病医药　□□□□

能自行就医,并遵医嘱用药与保养以恢复健康。

1　需提示或协助始能前往医疗机构就医。

2　当生病时能自行到一般社区诊所就医,并依指示用药与保健。

3　当生病时能依病情需要到大型医院求医,并依指示用药与保健。

＞　四、休闲生活　□□□□

C12休闲资源　□□□□

能适当地使用室内休闲资源及户外休闲资源。

1　能使用一两种娱乐资源(如:电视机、电脑、手机、棋牌、游泳池、百货公司、展览馆等)。

2　能主动且独立地使用娱乐资源5种以内。

3　能与他人使用娱乐资源5种以上,并维护。

C13社区活动　□□□□

能积极参与社区性或团体的休闲活动。

1　能在协助下参与1种以上的社区活动。

2　能主动参与3种以上常见的社区活动。

3　能主动参与各种的社区活动。

C14安排活动　□□□□

能依天气、地点、参与者年龄、节令、费用等因素来计划短时间或假日的活动。

1　能在协助下兼顾天气、地点、参与者年龄、节令、费用等因素来计划自己的活动。

2　能自己依天气、地点、参与者年龄、节令、费用等因素计划简易的活动。

3　能自行依天气、地点、参与者年龄、节令、费用等因素来计划一系列活动。

C15 旅行 □□□□

能做好旅行前的准备,并能在旅行中注意个人安全、财物保管等问题。

1　只能在家附近走动,需他人协助才能参与旅行。

2　能跟随团体旅行,不造成他人的困扰,完成一趟安全的旅行。

3　能依个人旅行计划(如:食宿、行程、财物安全等)完成一趟安全的旅行。

> **五、购物消费** □□□□

C16 购物场所 □□□□

能自行前往适当的商店购买所需的物品。

1　能前往一两家特约商店购买几样物品。

2　能依所需购买日常物品,自行前往社区内相应的小商店购买。

3　能依所需购买物品,自行前往相应的综合性百货商店购买。

C17 选购物品 □□□□

能根据购物要点确定选购所需的物品。

1　能找到特定一两种物品,其他需他人协助或指示始能进行选购。

2　能依个人一般需要自行选购物品。

3　能依特定条件需要,自行选购符合条件(如:经济实惠、健康环保、保鲜保质 时尚美观个人品味等)的物品。

C18 购物手续 □□□□

能依照完整的购物手续购买到所需物品。

1　在特定商店知道取物付钱简单购物手续,其他商店或手续需提示。

2　能依购物手续到社区购物中心购买少量物品。

3　能依购物手续到超市、百货公司、网店等大型购物中心购买多样物品。

> **六、社交能力** □□□□

C19 家居礼仪 □□□□

在家居生活中,能自动表现出适当的礼节。

1　在家居生活中只能表现被接受的生活礼节(如:穿着整齐,行为不影响同住人等)。

2　在家居生活中能表现基本的生活礼节(如:衣着得体、轻声细语、配合家人等)。

3　在家居生活中能表现出让人欢迎的礼仪(如:礼让、勤快、助人)。

C20 睦邻 □□□□

和邻里亲朋来往时,能主动表现出友善的举止。

1 和邻里亲朋来往时,不能主动表现守望相助、敦亲睦邻的举止但也不影响他人。

2 和邻里亲朋来往时,能主动表现守望相助、敦亲睦邻的举止。

3 和邻里亲朋来往时,能主动表现出相扶持的举止,并以宽谅的心情对待不友善的邻居。

C21 社交礼仪 □□□□

在社交场所中能主动表现出适当的礼节。

1 在一般的社交场合中,在提示下表现出适当的礼仪。

2 在一般的社交场合中,能主动表现出适当的礼仪。

3 在特殊的社交场合中(如:婚丧喜庆等)亦能表现出得体的社交礼仪。

＞ 七、行动能力 □□□□

C22 独自行动 □□□□

在社区生活中能独自外出、行走自如、安全返家,注意交通安全,了解路线及迷路时能求助他人。

1 能在自己的小区中不迷路。

2 合乎下列二者:

a.在熟悉的社区中能行走自如,安全返家,并搭乘社区中的交通工具到熟悉的地点(如:每日工作、休闲场所等)。

b.迷路时,能设法求助他人。

3 能自搭乘交通工具安全地来往于社区以外的各种地方(如:不常去的路线较复杂场所等)。

＞ 八、公民意识 □□□□

C23 公民权利义务 □□□□

能了解并参与公民权利及义务相关的活动。

1 能参与一两种必要的公民活动。在协助或提示下参与基本的公民活动(如:选举、纳税、取发票、受教育、申请救助、保护消费者权益等)。

2 能了解并能参与基本的公民活动3~5种。

3 能积极参与基本的公民活动5种以上,并能协助他人参与。

C24 法律常识　□□□□

能了解并遵守基本法律及常见的规约。

1　能遵守一两种必要的法律,需协助或提示才能遵守常见的法律法规。

2　在生活中能遵守常见的法律法规,基本不触法。

3　在生活中除奉公守法,并能依法保护自己,警惕他人。

C25 地方意识　□□□□

能认识自己所在社区的地理环境、风土人情,并表现出对自己社区的关爱之情。

1　能认识自己小区的主要特点,需协助或指示才能参与社区中的活动并爱护公共设施。

2　能参与社区的活动3~5种,并爱护公共设施。

3　在日常生活中能表现爱护乡里的言行并能为小区做倡导。

C26 地方资源　□□□□

能依需要正确地使用社区中有关的国家机关及公共设施。

1　能认出一个社区资源,需协助或指示才能使用社区中的国家机关与公共设施。

2　能依需要使用社区的基本公共设施3~5种(如:邮局、车站、公园、公厕、商店等)。

3　能依需要正确使用社区中相应的国家机关。

> ## 九、时间意识　□□□□

C27 时间观念　□□□□

能够正确地识读、使用钟表及日历并具有基本的时间概念。

1　能感觉几个特定的时间点,需他人协助或提示才会正确地使用基本的计时工具(如:钟表、日历、月历等)。

2　能认识并遵守例行时间点,具备星期与假日时间概念,认识并使用基本的计时工具。

3　对于日期、时辰、节令等变化,能有正确的概念(如:计算日期、查找阳历和阴历、知晓四季等)。

C28 时间安排　□□□□

能依工作特性、作息习惯等因素,妥善安排个人生活计划。

1　依照既定工作特性、作息习惯的生活计划行事。

2　能依工作特性、作息习惯安排实施短期生活计划(以天为单位)。

3　能依工作特性、作息习惯安排实施长期生活计划(以周或月为单位)。

> **十、人身安全**　　　　　　　　　　□□□□

C29 社区安全　　　　　　　　　　□□□□

在社区生活中能有效地维护个人的安全。

1　无危险举动,在提示下维护个人外出的安全。

2　外出时能注意维护个人的基本安全(如:夜深不外出、结伴同行、不走偏僻道路、不贪小便宜、注意危险标志等),遇险时能大声呼救。

3　外出时能注意各种安全,当个人安全受到威胁时,能采取有效的措施。

C30 自然灾害　　　　　　　　　　□□□□

对于自然灾害能有正确的认识,并妥善地作事前防范与灾后处理。

1　能有一两种必要避害能力,对自然灾害需协助或提示才能做妥善的防范与处理。

2　对自然灾害能做基本的防范措施或处理(如:防火、防水、避震等)。

3　能妥善做好防灾避灾措施,并能协助他人预防或处理自然灾害。

个案姓名：＿＿＿＿　性别：＿＿＿＿　出生日期：＿＿＿＿　学校：＿＿＿＿

第一次评量：＿＿年＿＿月＿＿日　评量者：＿＿＿＿　颜色：＿＿＿＿

第二次评量：＿＿年＿＿月＿＿日　评量者：＿＿＿＿　颜色：＿＿＿＿　班级：＿＿＿＿

第三次评量：＿＿年＿＿月＿＿日　评量者：＿＿＿＿　颜色：＿＿＿＿

第四次评量：＿＿年＿＿月＿＿日　评量者：＿＿＿＿　颜色：＿＿＿＿

评量项目	等级0	等级1	等级2	等级3
工作人格A				
1. 工作常规	0	6	12	18
2. 工作习惯	0	2	4	6
3. 工作态度	0	20	40	60
4. 工作质量	0	2	4	6
5. 人际关系	0	4	8	12
职业能力B				
1. 工作姿势	0	12	24	36
2. 体力负担	0	6	12	18
3. 上肢活动	0	4	8	12
4. 感官知觉	0	10	20	30
5. 协调能力	0	3	6	9
6. 沟通能力	0	6	12	18
7. 工具与材料使用	0	7	14	21
8. 计算能力	0	4	8	12
9. 工作程序	0	4	8	12
10. 安全应变	0	3	6	9
11. 工作环境	0	8	16	24
独立生活技能C				
1. 家庭维护	0	3	6	9
2. 金钱管理	0	5	10	15
3. 卫生保健	0	3	6	9
4. 休闲生活	0	4	8	12
5. 购物消费	0	3	9	12
6. 社交能力	0	3	9	12
7. 行动能力	0	1	2	3
8. 公民意识	0	4	8	12
9. 时间意识	0	2	4	6
10. 人身安全	0	2	4	6

图1　综合评量结果

	A1 出席	A2 准时	A3 有始有终	A4 按时完工	A5 安全意识	A6 收拾习惯	A7 卫生习惯	A8 习癖	A9 礼貌	A10 愉快	A11 诚实	A12 友善	A13 动机	A14 努力	A15 创意	A16 自信	A17 谨慎	A18 节约	A19 竞争心	A20 责任感	A21 可靠性	A22 专注力	A23 洞察力	A24 决断力	A25 适应改变	A26 接受批评	A27 忍受挫折	A28 克服压力	A29 工作品质	A30 自我评价	A31 独立作业	A32 小组合作	A33 服从上级	A34 请求协助
3																																		
2																																		
1																																		
0																																		
	1.工作常规				2.工作习惯				3.工作态度																				4.工作质量		5.人际关系			

图2　工作人格A

项目		0	1	2	3
1.工作姿势	B1 站				
	B2 走动				
	B3 跑				
	B4 跨越				
	B5 蹲				
	B6 跪				
	B7 坐				
	B8 爬				
	B9 躺				
	B10 弯腰				
	B11 攀登				
	B12 平衡				
2.体力负担	B13 体力				
	B14 举				
	B15 携带				
	B16 推				
	B17 拉				
	B18 背(扛)				
3.上肢活动	B19 伸手				
	B20 握持				
	B21 扭转				
	B22 手指拨弄				
4.感官知觉	B23 光线调适				
	B24 视觉				
	B25 形状感				
	B26 大小辨别				
	B27 色彩辨别				
	B28 空间知觉				
	B29 触觉				
	B30 听辨力				
	B31 听力				
	B32 嗅味觉				
5.协调能力	B33 手眼协调				
	B34 手脚协调				
	B35 手眼脚协调				

图3 职业能力B（1）

类别	项目	3	2	1	0
6.沟通能力	B36 记住指示				
	B37 口语沟通				
	B38 职业词汇				
	B39 阅读				
	B40 书写				
	B41 填表				
7.工具与材料使用	B42 机械操作维护				
	B43 手工具				
	B44 长柄工具				
	B45 电动手工具				
	B46 技术性工具				
	B47 测量工具				
	B48 材料使用				
8.计算能力	B49 基本计算				
	B50 重量体积容积				
	B51 大小与长短测量				
	B52 时间测量				
9.工作程序	B53 反复动作				
	B54 固定顺序				
	B55 变动与自主				
	B56 速度适应变动				
	B57 组织工作的能力				
10.安全应变	B58 维持安全				
	B59 应变				
	B60 做决定				
11.工作环境	B61 场所				
	B62 照明				
	B63 空气				
	B64 声响				
	B65 温湿度				
	B66 危险性				
	B67 防护装备				
	B68 职业伤害				

图4　职业能力B（2）

	C1 烹饪	C2 家居维护	C3 家居安全	C4 收入计算	C5 预算与支出	C6 借贷	C7 储蓄	C8 纳税与缴费	C9 盥洗与整饰	C10 身心保健	C11 疾病医药	C12 休闲资源	C13 社区活动	C14 安排活动	C15 旅行	C16 购物场所	C17 选购物品	C18 购物手续	C19 家居礼仪	C20 睦邻	C21 社交礼仪	C22 独自行动	C23 公民权利义务	C24 法律常识	C25 地方意识	C26 地方资源	C27 时间观念	C28 时间安排	C29 社区安全	C30 自然灾害
3																														
2																														
1																														
0	1.家庭维护			2.金钱管理					3.卫生保健			4.休闲生活				5.购物消费			6.社交能力			7.行动能力	8.公民意识				9.时间意识		10.人身安全	

图5 独立生活技能C